Ana Bezerra Felicio nos presenteou com uma obra excelente. São tantos insights sobre o Cântico dos Cânticos que já o considero meu comentário preferido. *O amor não está à venda* nos conduz pela poesia hebraica, cuja protagonista — mulher, negra e trabalhadora! — vive uma ode à beleza e à dor do amor. "O Mais Excelente dos Cânticos" (como o livro bíblico é chamado) mostra o relacionamento de um casal de amantes nos revelando o que o jardim do Éden deveria ter sido. É um livro que lhe dará muito o que pensar, mas principalmente viver: cada vez mais enamorado de seu cônjuge, da Bíblia e de Deus.

ANDRÉ DANIEL REINKE
Designer, historiador e teólogo

No inverno de 2023, quando li o primeiro manuscrito ainda em desenvolvimento, percebi que estava diante de uma obra singular, não apenas pela força teórica que a sustenta, mas pela sensibilidade única com que a Dra. Ana Bezerra explorou minúcias dos mistérios poéticos de Cântico dos Cânticos. Esta obra precisava existir, mas não poderia ser escrita por qualquer pessoa. Somente a Dra. Ana, com sua maestria, poderia lustrar a interpretação da vivência da mulher protagonista dessa história de amor, tantas vezes ignorada. O leitor terá o privilégio de voltar a se encantar com um dos livros mais incompreendidos das Escrituras e se apaixonar, uma vez mais, pelo amor.

BRUNA SANTINI
nestranda em Divindade pelo
ormed Theological Seminary

O que uma peça literária que celebra o prazer físico e sexual entre dois jovens amantes tem a ver com as questões mais profundas da existência? Essa pergunta é antiga. Nesta breve e potente obra, a Dra. Ana Bezerra Felicio nos guia pelo mundo poético de Cântico dos Cânticos. Aqui, o leitor encontrará uma bela e poderosa manifestação daquilo que o texto bíblico nos apresenta: o protagonismo de uma jovem mulher preta que, determinada pelo seu valor, exige ser notada, apreciada, amada em um mundo de homens poderosos. Um guia seguro para aprender que o verdadeiro amor nos faz experimentar o jardim das delícias criado por Deus.

CAIO PERES
Mestre em Estudos Bíblicos pela
Universidade Livre de Amsterdã

Cântico dos Cânticos é, sem dúvida, um dos livros mais negligenciados ou mal-compreendidos da Bíblia. Tive a oportunidade de acompanhar algumas das discussões que deram origem à obra que o leitor tem em mãos. A literatura poética apresenta desafios, mas, com uma análise cuidadosa, responsável e sensível do texto, a autora oferece interpretações e aplicações que nos abrirão os olhos para um novo mundo de possibilidades, revelando a riqueza desse cântico que trata de amor, igualdade, mutualidade e da beleza da criação de Deus refletida nos relacionamentos humanos.

CYNTHIA MUNIZ SOARES
Pastora da igreja Anglicana Porto, teóloga e bióloga

Cântico dos Cânticos é uma denúncia de nosso mundo contemporâneo marcado pelo utilitarismo e pela superficialidade do ser. A autora nos convida a uma leitura literária da poesia hebraica antiga rica em paralelismos, concisões, ilustrações, imagens e metáforas para encontrarmos riquezas de significados espirituais e de profundidade teológica, dando-nos assim possibilidades de experimentarmos cura das mais profundas feridas da ordem criada. É, acima de tudo, um convite ao cultivo da intimidade, à vida plena e em total comunhão com Deus e harmonia entre nós, e à mutualidade entre homem e mulher.

JOSÉ MALUA
Pastor, teólogo e educador angolano residente no Brasil

Recomendar um livro de teologia escrito por uma mulher é uma alegria imensa, especialmente um comentário bíblico. Por quê? Porque a teologia se empobrece quando apenas homens produzem esse tipo de conhecimento. Ana Bezerra entra em cena com escrita afiada e pesquisa bem-feita e, dessa forma, nos conduz pelas páginas do Cântico dos Cânticos como quem desbrava um jardim sagrado, onde cada metáfora revela verdades eternas sobre o amor e a espiritualidade. Este livro é um convite para revisitar as raízes do amor autêntico — aquele que aponta para a comunhão, a mutualidade e a dignidade humana.

RODRIGO BIBO
Criador do ministério Bibotalk
e autor de *O Deus que destrói sonhos*

Pude acompanhar parte do processo de pesquisa que originou este livro. Foi um privilégio ver como as perguntas sobre o texto foram amadurecendo à medida que a autora se familiarizava com aquilo que estava em jogo na literatura bíblica. Precisamos de obras assim, de gente que entendeu como a cabeça dos autores bíblicos funciona. Este é o tipo de livro que, em vez de fechar questões com respostas cômodas, abre um leque de possibilidades, exatamente como fazem os autores da sabedoria hebraica.

Victor Fontana
Teólogo e jornalista

Cântico dos Cânticos para hoje

ANA BEZERRA FELICIO

O amor não está à venda

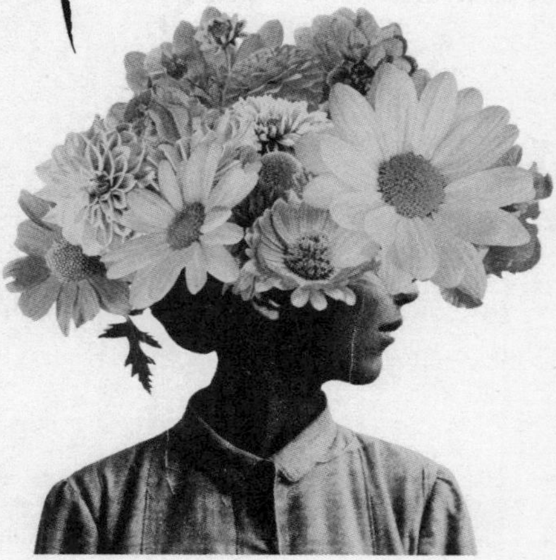

Copyright © 2025 por Ana Azevedo Bezerra Felicio

Os textos bíblicos foram extraídos da *Nova Versão Transformadora* (NVT), da Tyndale House Foundation, salvo indicação específica.

Todos os direitos reservados e protegidos pela Lei 9.610, de 19/02/1998.

É expressamente proibida a reprodução total ou parcial deste livro, por quaisquer meios (eletrônicos, mecânicos, fotográficos, gravação e outros), sem prévia autorização, por escrito, da editora.

Edição
Daniel Faria
Susana Klassen

Revisão
Ana Luiza Ferreira

Produção e diagramação
Felipe Marques

Colaboração
Gabrielli Casseta
Guilherme H. Lorenzetti

Capa
Vanessa Marine

CIP-Brasil. Catalogação na publicação
Sindicato Nacional dos Editores de Livros, RJ

F349a

   Felicio, Ana Bezerra
     O amor não está a venda / Ana Bezerra Felicio. - 1. ed. - São Paulo : Mundo Cristão, 2025.
     160 p.

     ISBN 978-65-5988-441-4

     1. Cânticos - Crítica e interpretação. 2. Amor - Aspectos religiosos. I. Título.

25-96804.0   CDD: 223.92
                                        CDU: 221.7(38)

Gabriela Faray Ferreira Lopes - Bibliotecária - CRB-7/6643

Categoria: Espiritualidade
1ª edição: maio de 2025

Publicado no Brasil com todos os direitos reservados por:
Editora Mundo Cristão
Rua Antônio Carlos Tacconi, 69
São Paulo, SP, Brasil
CEP 04810-020
Telefone: (11) 2127-4147
www.mundocristao.com.br

Aos meus pais, Denise (1967-2013) e
Jayme (1960-2021).
Vocês me ensinaram que o amor de um pai e
de uma mãe têm valor inestimável,
mas não pode ser vendido nem comprado.
Em vida me mostraram que o amor é tão forte
quanto a morte.

Sumário

Apresentação 11
Prefácio 17
Introdução 25

1. Poesia hebraica antiga 33
2. Uma mulher que sabe o que quer 45
3. Intimidade em um mundo superficial 69
4. A beleza do amor: o corpo é coisa séria 89
5. Amor e dor 107
6. O poder do amor 137

Sobre a autora 155

Apresentação

É um imenso prazer dar início a esta apresentação e saudar você, leitor, que está prestes a embarcar em uma leitura bela e sensível de *Shir Hashirim*, o Cântico dos Cânticos. Sua autora, Ana Azevedo Bezerra Felicio, é doutora em linguística, com especialidade em estudos clássicos, tendo se formado sob a valiosa orientação da Dra. Isabella Tardin Cardoso e do Dr. David Konstan. As competências acadêmicas da autora não suplantam, porém, os resultados de sua afeição pelos afetos (com o perdão da redundância que, julgo, é incontornável aqui). Desde o seu doutoramento, Ana ousa comover quem a lê e quem a ouve falar das emoções. A marca de sua escrita é o olhar afetuoso e preocupado com os trajetos da linguagem feitos nos atos (e mandatos) da linguagem. Seria fácil para ela escrever sobre metalinguagens e alcançar no âmago a poucos. Ana, porém, é afeita a escrever e reverberar em sua escrita os efeitos de um discurso. Então, prepare-se para ler um texto educativo, teológico, analítico, mas, acima de tudo, amável ao falar de amor.

Esta obra é um alento aos que até aqui estiveram unidos às miríades que procuram sentido no livro da Bíblia que ousa apresentar o amor como enigma implícito. Enigma porque, de amor, só os que encontram o caminho para amar entendem — e sofrem. O Cântico dos Cânticos aponta nos caminhos dos afetos amorosos uma resposta eventual para quem indaga: O que é o amor? A pergunta não está lá explícita, mas, ao indicar em suas tessituras os agenciamentos dos que amam, há no livro bíblico uma resposta. Ela jaz, portanto, tão implícita quanto a pergunta e demanda que o leitor ouse imaginar, viver ou mesmo sofrer o amor que a tudo subjaz. Tal amor é implacável com os que ousam adquiri-lo por meio de uma simples permuta. É disso que trata o livro da Ana: "Não! O amor não está à venda!". Mais do que uma interdição, o tom amigável e cuidadoso de Ana fala para nós, na companhia de poetas, exegetas, historiadores, críticos e, acima de tudo e todos, do texto, que o amor é imbróglio, mas é vida. É incontornável, sagrado e divino. Como diz Ana, "o amor é cuidado mútuo e é um compartilhar da vida com o mundo ao nosso redor".

Este livro existe porque desde que há pessoas que se amam, os amantes se desencontram. Os afetos não bastam. E amar fere, machuca. Não é acidental que a autora partilhe conosco de uma leitura arguta do Cântico dos Cânticos: amores são quebrados, amores são imperfeitos, amores adoecem. Porém, ela nos lembra de que o amor transformado em poema em Cântico dos Cânticos indica que não é nada bom que o ser humano esteja só. O amor é o jardim onde o sentido da vida frutifica.

Ana nos convida a encontrar em Cântico dos Cânticos uma das cinco *Meguilot*, a oportunidade de assumir a vida em sua inteireza; "para ser grande, sê inteiro", já dizia o poeta. E é assim, falando de amores inteiros, que falamos de realidades vitais que devem nos acompanhar no

Apresentação

curso de nossa vida. Por isso, o Cântico dos Cânticos geralmente é lido na Páscoa pelos judeus, pois *Chag haAviv* (outro nome para Páscoa) é uma época propensa ao amor. Ao propor no título que *O amor não está à venda*, Ana abre as portas de um universo único, em que o Cântico dos Cânticos surge com frescor e profundidade como uma alternativa para viver generosamente os desafios de relações humanas, demasiadamente humanas. O que Ana faz é nos convidar para uma conversa sincera e descontraída sobre amor, vida e espiritualidade. Mais que uma análise bíblica ou um estudo poético, encontramos neste livro a oportunidade de ver nossa face refletida no espelho, com toda a delícia e dor de sermos quem somos.

A autora não quer só explicar o texto; ela quer nos dar a oportunidade de que cada palavra de Cântico dos Cânticos ressoe em nosso coração, nos toque, nos instigue e, principalmente, nos faça pensar sobre o amor e suas múltiplas nuances. Entre informações necessárias para a compreensão do livro, há palavras pronunciadas por uma cristã de olhar cuidadoso, que sabe que as palavras não apenas significam, mas nos ressignificam quando elas se comunicam com nossas sensibilidades. Assim, Ana nos dá a graça de perceber, em cada trecho comentado da obra bíblica, a existência de uma janela aberta para nossas próprias experiências, sentimentos e buscas.

É necessário ajustar as expectativas para ler este livro. Ele é mais do que um estudo sobre o amor e a poesia bíblica. A forma como foi escrito o torna uma jornada ao lado de Ana que, pouco a pouco, vai desvendando o poder de uma linguagem que ultrapassa os séculos e se conecta com o mais profundo da nossa humanidade. *O amor não está à venda* não se limita, portanto, à busca por Salomão e seus ditos "encontros amorosos". A autoria salomônica, questão importante, torna-se menor quando o que está em perspectiva é o amor que se conecta à *hochmah*, à sabedoria hebraica que ajuda, inclusive, a amar e ser amado de forma sincera, madura, inteira, honesta. Humana!

A exploração graciosa feita por Ana das metáforas, imagens poéticas e cenas de Cântico dos Cânticos passa por estações: do corpo ao mistério, do misterioso ao sensual, do sensual ao poético. No percurso, o cotidiano se reconfigura: Israel é espacialmente redefinido. O Éden ressurge no encontro dos amores que transpassa a beleza para reorientar a sátira e o onírico. Como em um mundo em que pessoas se conectam pertencendo a universos díspares, mas conciliados nos afetos, o Cântico dos Cânticos surge nas palavras de Ana como uma dádiva aos que ousam amar e querem abordar o amor.

Ana Bezerra tem uma conexão especial com o Cântico dos Cânticos, uma ligação que começou quase por acaso, mas que logo se transformou em paixão. Ela deparou com esse livro bíblico e, como muitos de nós, ficou intrigada. No início, as metáforas e o tom poético geraram mais perguntas do que respostas. No entanto, em vez de se afastar, ela decidiu se aproximar ainda mais. Foi assim que nasceu a profunda relação entre Ana e o Cântico dos Cânticos, uma relação que ela compartilha conosco neste livro.

Para a autora, o Cântico dos Cânticos é uma janela para compreender o amor em sua essência mais pura e complexa. Em cada página, percebemos que sua abordagem é

Apresentação

pessoal e afetuosa, como alguém que caminha ao lado de um amigo, descobrindo novos detalhes a cada leitura. Esse envolvimento íntimo com o texto é o que torna *O amor não está à venda* tão especial: Ana escreve com a familiaridade de quem vive o que escreve, transmitindo a beleza do Cântico com uma autenticidade contagiante.

Neste livro, Ana não pretende apenas nos ensinar sobre o Cântico dos Cânticos; ela quer compartilhar a alegria de ter descoberto algo precioso. Com seu olhar sensível e coração aberto, ela nos convida a ver o Cântico por sua perspectiva como um convite ao amor, à beleza e à celebração da vida.

Por fim, convém destacar a habilidade especial de Ana para transformar complexidades em simplicidade. Com sua reflexão profunda, mas abordagem bem-humorada, ela nos faz sentir como se estivéssemos ouvindo uma amiga compartilhar suas descobertas e reflexões. Ela ri das complexidades e celebra a simplicidade, mantendo o tom profundo, mas com uma leveza que nos faz ler de modo envolvente e prazeroso.

Aproveite a leitura. Ela valerá muito a pena, e você poderá aprender muito sobre o amor. Afinal, este livro, como Cântico dos Cânticos, é um ato de amor a Deus, à Bíblia e às pessoas que querem viver melhor.

BRIAN KIBUUKA
Professor de História Antiga na Universidade Estadual de Feira de Santana, doutor em História Social e mestre em Estudos Clássicos, História Social e Letras Clássicas

Prefácio

A Bíblia é monumento: conjunto de narrativas, poesias, memórias, provérbios, ditos. O texto sagrado acumula a beleza literária de séculos, reunindo experiências de fé que expressam os grandes dramas do povo de Deus. A força dessas tradições é inquestionável, e a longa história da recepção das Escrituras no Ocidente testemunha como a "imaginação bíblica" influenciou a cultura. Um exemplo dessa esplendorosa presença sagrada nas teias da criatividade literária ocidental é exposto nos insuperáveis trabalhos do crítico canadense Northrop Frye, que percebeu nas obras de William Blake e John Milton sinais dos sistemas metafóricos e das tipologias do cânon judaico-cristão. A lista poderia ser estendida à literatura brasileira, não somente por encontrarmos os personagens "Esaú e Jacó" ou a citação das pesquisas sobre o Pentateuco em *Memórias póstumas de Brás Cubas*" ("Moisés, que também contou a sua morte, não a pôs no introito, mas no cabo; diferença radical entre este livro e o Pentateuco"), de Machado de Assis, mas, em especial, no nível das estruturas, das redes de significado, na construção e utilização de seus gêneros, que modelam, como há muito explicou Mikhail Bakhtin, os mais prosaicos e cotidianos dizeres, as práticas dos ditos e suas funções sociais.

A Análise do Discurso, importante ferramenta para compreendermos as dinâmicas da linguagem e a apropriação dos sujeitos quando da construção de mundos através dos significantes e seus significados, exorta-nos a respeito do indispensável valor da forma pela qual o discurso se "torna carne", seu gênero discursivo, pois esse movimento do sistema em direção à materialização dos enunciados, entre tantas coisas, faz-se através de maneiras mais ou menos fixas, e quem deseja entender o que se diz e como se diz, seja em papiro ou palanques, precisa levar essa realidade em consideração. Em resumo, o gênero é imprescindível no processo de compreensão da comunicação, e isso também se aplica à Bíblia.

Como texto, e texto da cultura, a obra sagrada materializa a experiência de Javé na história do seu povo e das comunidades seguidoras de Jesus, o Nazareno, em formas literárias de grande sofisticação e beleza. A partir dos limites e potências do modo de dizer de seu próprio tempo, os redatores e autores da Bíblia traduziram em estruturas de linguagem e comunicação o que "desde o princípio" ouviram, viram com os olhos, contemplaram, e as mãos tocaram da "Palavra da vida" (1Jo 1.1). Por isso, não há possibilidade de ler com honestidade e reverência a revelação divina entranhada em linhas textuais sem olhar os meandros da linguagem e suas estratégias estético-literárias. Mesmo sendo um trabalho árduo, sem isso acabamos por tornar o texto sagrado o que ele não é ou mesmo por fazer dele aquilo que nunca desejou ser. Obviamente, as muitas potencialidades de sentido, sobretudo quando a alegoria é o instrumento hermenêutico, farão da Bíblia sempre novidade polissêmica, mas nem sempre o novo é adequado, porque, parafraseando Umberto Eco, o texto tem muitas interpretações, mas nem toda intepretação terá um final feliz.

Entre as obras bíblicas, Cântico dos Cânticos talvez seja uma das mais disputadas nas querelas exegéticas e discussões literárias. Descrita pelo Rabi Akiva como santíssima, por vezes a *alegorese* venceu as disputas por sua interpretação. Um Targum do oitavo século, por exemplo, ao comentar o Cântico, insiste: "Amada Israel começa pedindo ao amado, Deus, para beijá-la". A espiritualização, seja cristológica ou javista, a despeito de ter dado a essa linda poesia de amor tons, de alguma forma, também estéticos, terminou igualmente por domesticá-la. Haroldo de Campos, em seu *Éden: um tríptico bíblico*, quando fala sobre Cântico dos Cânticos, explica que "literalmente, trata-se de um poema de amor semítico, um conjunto de cantos eróticos, talvez com função de epitalâmio, sobre cuja superfície textual, tradicionalmente, enredam-se, sutis, as exegeses alegóricas". Essas "sutilezas exegéticas" denunciadas pelo tradutor, poeta e crítico anestesiam a potência poética do amor entre os humanos preconizada na obra, que faz da pele e do coração lugares da sacralidade divina.

Não teria coragem o bastante para dizer que a alegorização de Cântico dos Cânticos o tenha empobrecido. Contudo, essa lente perde de vista a canonização do *eros* operada em sua linguagem e, por fim, desqualifica ou oculta o corpo que Deus criou, resgatou e santificou. E não somente isso. *Shir Hashirim*, além de afirmar o amor conjugal, dá lugar especial à mulher. Seus desejos e sua paixão têm espaço no enredo, diluindo, para o delírio de alguns críticos, a imagem de que a Bíblia somente invisibiliza as expressões femininas. Sendo assim, o texto sagrado, a Palavra de Deus, faz do amor e da justiça terrenos da revelação divina.

É exatamente nessa empreitada que *O amor não está à venda* instaura seu olhar com delicadeza e fineza, considerando com rigorosidade a *poiesis* bíblica encarnada no elevado Cântico. Como tão bem alertou Ana Bezerra, a poesia bíblica "não se encaixa em nossas categorias modernas rígidas do que é poesia; falar de amor sexual e amor humano, para os antigos, não era contrário a falar de religiosidade, e é importantíssimo entender esse fato para melhor apreciar o Cântico". Essa maturidade interpretativa possibilita aos leitores e leitoras entrarem de modo mais equilibrado nos meandros literários do texto. Nessa descrição e escolha de leitura, pelo menos de forma pedagógica, neutralizam-se variações imprecisas e, ao mesmo tempo, a análise não se embaraça na austeridade. A obra mergulha nas teias da beleza do Cântico dos Cânticos e aponta na direção da vida cotidiana; é a encarnação da Bíblia na existência humana.

A autora nos convida, tendo como óculos a poesia salomônica, a olhar para o amor como forma de habitar o mundo. Na verdade, o amor se torna culto e fonte de resistência diante das armadilhas de uma vida vazia. Portanto, Ana Bezerra nos provoca ao dizer que "o amor nos faz sair de nossa zona de conforto, e o Cântico nos mostra de muitas formas que o amor vale a pena". Não apenas sublinho que vale muito a pena como também concordo que essa convocação, seguindo a reflexão do livro, alarga-se a várias áreas das nossas relações: "por nossos amigos, filhos, entes queridos ou pela própria vida".

No Sermão 138, 2, Agostinho de Hipona nos exorta: "Põe amor nas coisas que faz e as coisas terão sentido. Retira o amor e elas se tornarão vazias". Sentido, termo caro na arte de viver, encontra no amor sua excelência. Aliás, na pena do teólogo africano, o amor injeta em todos os afazeres da vida valor e substancialidade. Ana Bezerra, sendo assim, encontra nas linhas apaixonadas do Cântico o mais sublime dos fenômenos humanos. Indo dos prazeres do encontro de um homem e uma mulher às formas humanas de elevado amor, Ana consegue ativar a potência das metáforas bíblicas. À vista disso, a canção, *shir*, entoada em Cântico dos Cânticos não pode ser desligada da vida, do corpo, do humano.

Ana Bezerra não se furta de seu lugar interpretativo e encontra na obra canônica fome e sede de justiça. Na tradução mais adequada de Cântico dos Cânticos 1.5 ("Sou preta e bela, ó filhas de Jerusalém"), a perspicaz autora fica atenta à voz que permeia todo o Cântico: "Ela é a protagonista, uma *mulher* é a protagonista, uma *mulher negra* é a protagonista!". Haroldo de Campos, tradutor dessa literatura, confirma essa interpretação em sua versão: "Sou negra / e beleza pura". Essa frase é emblemática: permite que muitas outras filhas negras de Javé se sintam acolhidas pelo Senhor da justiça e denuncia quaisquer tendências pecaminosas que relativizem violências ou silenciamentos.

Celebro a chegada de *O amor não está à venda*, através do qual Ana Bezerra conjuga em um mesmo texto sensibilidade teológica, exatidão literária e perspicácia hermenêutica. É um convite ao deleite!

KENNER TERRA
Pastor da Igreja Batista de Água Branca, em São Paulo,
e doutor e mestre em Ciências da Religião

No início, um espaço vazio. A palavra rompe o silêncio, revela um universo; o mundo surge. Mais palavras; um espaço indefinido adquire uma configuração, torna-se lugar para formas que emergem do pó. O palco está montado. Ação!

Kevin J. Vanhoozer, *O drama da doutrina*

Quantos poetas dizem ou o que os filósofos disseram, ou o que deveria ser dito por eles!

Lúcio Aneu Sêneca, *Epístolas morais*

Capturai para nós § as raposas §
as raposas pequeninas § elas arruínam as vinhas §§§
E nossas vinhas § estão em flor!
Meu amado será comigo § eu estou com meu amigo §§
que pastoreia § entre rosas.

Cântico dos Cânticos 2.15-16,
tradução de Haroldo de Campos

Introdução

Muitos cristãos preferem jogar Cântico dos Cânticos para o escanteio junto com alguns dos profetas menores cujo nome nem conseguimos lembrar e com aquelas passagens que deixam mais perguntas do que respostas. Em 2016, durante um curso da Florianópolis House of Prayer (FHOP) sobre Cântico dos Cânticos, pela primeira vez finalmente alguma coisa desse estranho livro da Bíblia começou a fazer sentido para mim. Cântico dos Cânticos não foi daqueles livros da Bíblia que me chamou atenção de primeira em minhas leituras anuais ou durante meus devocionais. Eu lia e simplesmente não entendia nada, passava rápido por ele e sabia apenas que falava de amor. Talvez você, como eu, olhe para o Cântico e decida pular esse livro curto, porém cheio de metáforas estranhas sobre beijos, peitos, pescoços, cabelos cacheados, um homem e uma mulher aparentemente belíssimos. O que isso está fazendo na Bíblia?

Cântico dos Cânticos é um dos livros mais comentados das Escrituras.[1] Depois de Gênesis e Salmos, ele conta com

---

[1] "Cântico dos Cânticos" traduz uma construção sintática comum do hebraico que repete o mesmo termo, a primeira vez no singular e a segunda no plural, para comunicar o grau superlativo. Em português

mais comentários do que qualquer outro livro da Bíblia.[2] E, mesmo assim, é um dos livros menos compreendidos entre nós, cristãos. Por causa dessa longa e produtiva história da recepção, o Cântico já foi lido das maneiras mais inusitadas e até engraçadas.

Os primeiros relatos da interpretação do Cântico remontam aos rabinos que viveram no final do primeiro século e no segundo século de nossa era. Esses comentários em geral são repreensões aos que entoavam o Cântico como canção de amor ou em momentos de diversão em

corrente diríamos "a melhor canção". Encontramos outras expressões superlativas parecidas no Antigo Testamento: "Deus dos deuses" e "Senhor dos senhores" em Deuteronômio 10.17 (NAA, NVT); "céu dos céus" em Salmos 148.4 (NAA); e um superlativo mais conhecido, "Santo dos Santos", em 2Crônicas 3.10 (NAA), que algumas versões (NVT, NVI) traduzem por "lugar santíssimo" para compreendermos melhor o grau superlativo da expressão idiomática. Outra maneira de entender "Cântico dos Cânticos" no início do livro é interpretar "cântico" como uma palavra coletiva. Antes de irmos ao hebraico, palavras coletivas existem também em português brasileiro. Quando alguém diz: "A música de Michael Jackson revolucionou a história da cultura pop", ou "A obra de Machado de Assis estava à frente de sua época", não está falando de uma música ou de uma obra específica, mas do conjunto de músicas e de obras do artista e do autor referidos. De maneira parecida, alguns livros da Bíblia começam dizendo: "Palavra do Senhor que foi dirigida a Oseias" (Os 1.1, NAA) ou "Visão que Isaías..." (Is 1.1, NAA, NVI), e não se referem a uma palavra isolada proferida a Oseias, ou a uma só visão de Isaías, mas a um conjunto de palavras e visões. Portanto, a palavra "Cântico" no início do livro também lembra esse uso coletivo do singular.

[2] Ellen F. Davis, *Proverbs, Ecclesiastes, and the Song of Songs*, Westminster Bible Companion (Louisville: Westminster John Knox Press, 2000), p. 231.

festas. O rabino Aquiba (falecido em 135 d.C.) condenou à morte eterna quem tivesse coragem de recitar o Cântico dos Cânticos como se fosse uma música de amor.[3] No entanto, Aquiba foi um grande defensor da canonicidade do Cântico. Afirmou veementemente em resposta aos que diziam que o livro não pertencia ao cânon: "Todos os Escritos são sagrados, mas o Cântico dos Cânticos é o Santo dos Santos".[4]

Para Aquiba, era tão importante que se compreendesse o Cântico como o livro mais espiritual de todos, que ele defendia a leitura alegórica em que Deus era o homem do poema e Israel, a mulher. Contudo, sua defesa do livro revela que havia algum costume de usá-lo em festas, banquetes ou até mesmo em momentos íntimos, como nos mostra a repreensão articulada por outro rabino em 90 d.C.[5]

O começo da história da interpretação do Cântico nos mostra duas coisas importantes: primeiro, a leitura inicial do livro se deu em contextos de celebração e festa, mesmo que alguns rabinos condenassem tal prática; e, segundo, seu pertencimento ao cânon foi defendido desde os primeiros comentários que temos do livro. Aquiba também revela que a leitura alegórica é tão antiga quanto a história da recepção do Cântico e, por isso, não seria sábio descartar totalmente essa leitura. Ainda

---

[3] Othmar Keel, *The Song of Songs: A Continental Commentary*, Continental Commentaries (Minneapolis: Fortress Press, 1994), p. 1-22, 300-9, nota 6.
[4] *Mishnah Yadayim* 3.5; veja Jacob Neusner, *The Tosefta, Fourth Division: Neziqin, The Order of Damages* (Atlanta: Scholars Press, 1999), p. 237.
[5] Keel, *The Song of Songs*, p. 300-9, nota 5.

no contexto rabínico, por volta de 140 d.C. um relato do rabino Simeão ben Gamaliel dá a entender que moços e moças se reuniam na época das festas da colheita nos vinhedos e nos pomares para ter uma chance de encontrar um par e, durante esses festivais, partes de Cântico dos Cânticos eram entoadas.

Em época muito anterior àquela referida pelos rabinos, observamos em Juízes 21.15-23 que entoar cânticos (não o Cântico dos Cânticos de Salomão) durante a época da colheita era um costume antigo da comunidade judaica.[6] Além disso, de acordo com os relatos do contexto rabínico, vemos que a prática de festividades marcadas por danças e cânticos é atestada na literatura tradicional judaica dos primeiros séculos da nossa era. Esse elemento é mencionado no próprio Cântico (Ct 2.12), em que o homem convida a mulher a participar de uma festividade

---

[6] Há diversas possibilidades de datas para essas festas. Em Juízes, em que a festa antiga em Siló é vista como uma oportunidade para homens da tribo de Benjamim raptarem moças para se casarem com elas, o texto não se refere a uma época do ano. De acordo com o relato do rabino Simeão ben Gamaliel, a festa costumava ocorrer em agosto (dia 15 do mês de Ab), e a passagem de Cântico dos Cânticos indica que a festa acontecia em abril ou maio, início da primavera. Ainda conforme o relato do rabino, no primeiro século d.C., todas as moças se vestiam de branco, para não envergonharem as mais pobres que não tinham um vestido mais elaborado, e saíam aos campos. O rabino cita Cântico dos Cânticos 3.10 como uma parte dos cânticos entoados no primeiro século. Obviamente, na época de Juízes não se entoava o Cântico dos Cânticos, escrito muito tempo depois da redação de Juízes. Veja Keel, *The Song of Songs*, p. 1-5, 99-102.

que acontece no campo e celebra o fim do inverno. Agora, a mulher poderá se divertir nos campos floridos:

> As flores estão brotando;
> chegou a época das canções,
> e o arrulhar das pombas enche o ar.
> As figueiras começam a dar frutos,
> e as videiras perfumadas florescem.
>
> Levante-se, minha querida!
> Venha comigo, minha bela!
>
> Cântico dos Cânticos 2.12-13

A maioria dos primeiros comentaristas cristãos herdou a perspectiva dos rabinos: fazia-se uma leitura alegórica e "espiritual" e não se questionava seu pertencimento ao cânon. Esse raciocínio permearia a história da leitura do Cântico por séculos: se o Cântico está na Bíblia, é espiritual, se é espiritual não fala de amor humano, e a leitura carnal e natural deve ser rejeitada.

Para os cristãos, a leitura alegórica em que Jesus é o homem do Cântico e a igreja é a mulher foi a que predominou ao longo dos séculos. Hipólito (séc. 3 d.C.) leu o livro como uma forma de reforçar seu ascetismo, uma dedicação extrema à vida "devocional", como a chamaríamos hoje. Orígenes (185-253 d.C.), em seu comentário de cinco volumes sobre o livro, desenvolveu os pormenores da alegoria entre Cristo e a igreja. Para Orígenes, era necessário fazer a leitura "literal" a fim de compreender a mais elevada leitura alegórica. Dentre os muitos intérpretes da história do cristianismo, alguns poucos, como Teodoro de Mopsuéstia

(350-428 d.C.) e João Calvino (1509-1564), apreciaram o Cântico como a descrição de um amor físico.

Ainda que encontremos algumas interpretações literais do Cântico ao longo da história, a interpretação alegórica foi a predominante até o século 19. Quando o intérprete chegava à conclusão de que o livro era uma história de amor entre um homem e uma mulher, ele também concluía que o livro não era digno do cânon. A interpretação alegórica parecia, então, estar estritamente ligada a justificar o pertencimento do livro ao cânon. Isso mudaria em certa medida na modernidade.

A história da leitura de Cântico dos Cânticos é uma história da devoção de cristãos e cristãs ao redor do mundo. Muitos desses cristãos piedosos, como João da Cruz (1452-1542) e Teresa de Ávila (1515-1582), tornaram-no um verdadeiro livro de devoção. Não devemos questionar os profundos e importantes ensinamentos que esses autores derivaram de uma leitura alegórica do Cântico. Entretanto, suas considerações dizem respeito muito mais a nós leitores do Cântico do que ao que está escrito no livro em si.

Minha proposta aqui é mostrar que é possível fazer uma leitura não alegórica do livro e, ainda assim, encontrar riqueza de significados espirituais e de profundidade teológica para nossa vida e caminhada na fé. Para isso, contudo, temos de lembrar que a poesia bíblica não se encaixa em nossas categorias modernas rígidas do gênero poético; falar de amor sexual e amor humano, para os antigos, não era contrário a falar de religiosidade, e é importantíssimo entender esse fato para melhor apreciar o Cântico.

Cântico dos Cânticos é uma contribuição única para o cânon bíblico. Como diz Ellen Davis, ele aponta para a cura das mais profundas feridas da ordem criada.[7] Parece reparar o dano feito pela primeira desobediência no Éden. No decorrer do presente texto, falaremos mais desse assunto ao meditarmos sobre passagens específicas. Por enquanto, esboçarei em poucas linhas por que Cântico dos Cânticos remete ao jardim do Éden.

Em Gênesis 3, acontece uma tríplice ruptura e alienação por causa do pecado: a ruptura da relação entre homem e mulher, que gera assimetria de poder entre ambos; a ruptura entre ser humano e natureza; e a ruptura entre ser humano e o próprio Deus. Primeiro, no Cântico voltamos ao jardim, lugar em que os seres humanos estão em harmonia entre si e há mutualidade entre homem e mulher. Segundo, eles estão em harmonia com a natureza, que responde a seu amor em celebração e alegria. E, terceiro, o prazer simbolizado pelo ambiente do jardim nesses poemas representa indiretamente o que o Éden deveria ter sido: o lugar em que nós, seres humanos, deveríamos viver plenos, em total comunhão com Deus e em harmonia com a terra ao nosso redor.

A poesia tem o propósito de nos transportar por essa experiência de cura do que foi quebrado pelo pecado. Por isso, para entender um livro como o Cântico é essencial aprender sobre poesia e, mais especificamente, sobre poesia hebraica antiga. É o que veremos a seguir.

---

[7] Davis, *Proverbs, Ecclesiastes, and the Song of Songs*, p. 231.

1

Poesia hebraica antiga

Cerca de um terço dos textos bíblicos é poético.[1] Logo, se não soubermos ler esse tipo de texto, pode ser que não estejamos compreendendo parte considerável da Bíblia. Também teremos dificuldade de compreender outras passagens que lançam mão de recursos poéticos por não sabermos identificar esses recursos.

Embora a poesia bíblica tenha suas particularidades, há algumas características da poesia em geral com as quais podemos começar nossa reflexão. O paralelo contemporâneo mais próximo da poesia antiga é a música. Ouvimos música como entretenimento, para dar vazão a emoções, para momentos de reflexão e contemplação, para orar e adorar. A poesia antiga cobria todos esses contextos e ia além. Outra característica que poesia e música têm em comum é que ambas podem trazer uma mensagem em si, mas não fazem questão de nos explicar os pormenores dessa mensagem. Caberá ao ouvinte atento discernir uma ou outra mensagem imbuída na peça musical. O mesmo acontece com a poesia: não é

---

[1] "A arte na poesia bíblica", Bible Project (YouTube), 7 de junho de 2022, <https://www.youtube.com/watch?v=B8tV59L7qio>.

uma formulação propositiva que explica tudo o que é preciso ser explicado. A poesia-música delicia os ouvidos e a mente, aquece o coração e inspira reflexões profundas devido à sua sonoridade, composição e às diversas figuras de linguagem nela presentes.

Por causa de todas essas características, assim como quando traduzimos a letra de uma canção, traduzir poesia acarreta vários desafios. Perdem-se muitas coisas. Quem já ouviu uma canção em inglês e sua versão em português sabe do que estou falando. O mesmo acontece com as Escrituras, com diferenças ainda maiores, pois se trata da tradução de poesia antiga para uma língua moderna alguns milênios depois. Não significa, porém, que seja impossível entender e desfrutar a poesia que a Bíblia nos oferece; significa apenas que essa é uma leitura que requer alguns conhecimentos específicos para que possamos melhor aproveitá-la.

Se há poesia na Bíblia, o que isso implica para a sua finalidade teológica e para a edificação da nossa fé? Poesia pode ensinar? A tensão entre beleza literária e ensinamentos que a obra pode trazer consigo não está presente somente nas Sagradas Escrituras. A Bíblia, como toda obra que pertence à Grande Literatura, certamente terá pensamentos profundos e ensinamentos valiosos até mesmo nos versículos mais poeticamente embelezados. O interessante é que, por ser poesia, parte da mensagem do texto reside exatamente em sua forma. Na verdade, a forma do texto importa para todos os gêneros literários e sempre comunicará algo. No entanto, é na poesia que a forma assume protagonismo em relação a outros gêneros textuais.

De acordo com Robert Alter: "A poesia é um aspecto de importância vital da literatura bíblica que precisa ser mais bem compreendido".[2]

Voltemos, então, à pergunta: Poesia para quê? Poesia por quê? Será que ela é mesmo vital para a literatura bíblica, como Alter diz? Os aspectos gerais da poesia observados acima podem, bem ou mal, se aplicar à poesia em geral; mas, obviamente, a poesia bíblica, por fazer parte de uma tradição e de um mundo cultural específicos, tem características próprias. Eis algumas delas.

PARALELISMO

Tremper Longman III apresenta o paralelismo como uma característica reconhecida e estabelecida na poesia hebraica.[3] É como se fosse sua marca registrada. Quando atentamos nos ritmos musicais brasileiros, há algumas características comuns à maioria deles que, só de ouvir, podemos dizer: isso é música brasileira. Por exemplo, o baião é um tipo de ritmo cuja acentuação é sincopada, uma batida que tem origem nas antigas polirritmias africanas e que passa pelo samba e se mantêm até o funk brasileiro. Lembro-me de que num curso sobre poesias brasileiras com o ator, músico e pesquisador Antônio Nóbrega, eu ficava fascinada com a maneira como ele desvelava toda essa cultura rítmica brasileira e nos explicitava

---

[2] Robert Alter, *The Art of Biblical Poetry* (Nova York: Basic Books, 2011), p. xiv.
[3] Tremper Longman III, *Cântico dos Cânticos*, Comentários do Antigo Testamento (São Paulo: Cultura Cristã, 2023), p. 23.

os ritmos em redondilha maior, menor, décima, sempre com essa mesma marca d'água. Segundo ele, era algo inconsciente, intuitivo e, por isso, se espalhava nos mais variados ritmos da música popular brasileira. "A décima" (dez versos de sete sílabas ou dez versos de dez sílabas), dizia Nóbrega, "circula no mundo latino-americano há mais de cinco séculos e tem acentuação obrigatória [na terceira, na sexta e na décima sílaba]." De modo semelhante, o paralelismo é uma característica que permeia a poesia hebraica, e não entender esse recurso é como não reconhecer um ritmo brasileiro ao ouvi-lo.

Olhemos para um salmo, uma poesia bíblica muito conhecida e apreciada pelos cristãos, que nos ensina a orar, adorar, lamentar e agradecer:

> Podem os que estão no TÚMULO anunciar teu **amor**?
> Podem proclamar tua **fidelidade** no lugar de DESTRUIÇÃO?
>
> Acaso as TREVAS falam de tuas **maravilhas**?
> Pode alguém na TERRA DO ESQUECIMENTO contar de tua **justiça**?
>
> Salmos 88.11-12 (grifos nossos)

Nesses dois versículos, um conjunto de termos correspondentes entre si (indicados em negrito) permanece estável: amor, fidelidade, maravilhas e justiça. Outro conjunto de termos combinados (em caixa alta) desenvolve uma compreensão imaginativa progressiva da morte: do conhecido e localizado "túmulo" à "destruição", um sinônimo poético que representa o que acontece no túmulo.

Em seguida, volta-se para outra palavra cotidiana, "trevas", como realização sensorial da experiência da morte. E, por fim, traz uma expressão poética usada para se referir ao submundo, "a terra do esquecimento", que resume e generaliza a série.[4] Com isso, encerra enfaticamente a ideia de que a morte é um reino onde os seres humanos são totalmente esquecidos e extintos. Observar como o salmista dispõe os termos, mesmo que seja em tradução, enriquece nossa leitura e compreensão desse salmo. Mais uma vez, destacamos como a poesia comunica não só por meio de seu sentido (significado), mas por meio de sua forma (significante).

Acerca do paralelismo, C. S. Lewis observa que é quase uma provisão divina a característica mais gritante da poesia hebraica poder (em certa medida, eu adicionaria) ser traduzida em forma praticamente inalterada para nossas línguas modernas.[5] Apesar de podermos, pela simples tradução, compreender que no original em hebraico há um paralelismo, será sempre importante a análise dessas estruturas para entender o que o poeta ou o autor do livro bíblico quis enfatizar ao se servir desse recurso. Ao lermos certas passagens de Cântico dos Cânticos, compreenderemos de que maneira o paralelismo (que um leitor desavisado poderia perceber como uma simples repetição) enriquece nossa leitura e nossa compreensão de trechos inteiros do livro.

---

[4] Robert Alter, *The Art of Biblical Poetry* (Nova York: Basic Books, 2011), p. 14.
[5] C. S. Lewis, *Lendo os salmos* (Viçosa: Ultimato, 2015), p. 12.

CONCISÃO

Em hebraico, as frases poéticas, também chamadas "cláusulas", são extremamente sucintas. São compostas por breves cólones (conjunto de cláusulas) que formam estrofes ou versos longos. Como é possível construir frases tão curtas? Por meio de elipses, isto é, pelo apagamento de palavras normalmente subentendidas no contexto. A parte "apagada", a elipse, costuma aparecer na primeira linha do cólon e estar ausente na segunda; para o público antigo, porém, era óbvio que havia algo subentendido. Quando ouvimos uma canção, normalmente esperamos um refrão, uma estrofe, uma ponte. Há elementos estruturais que esperamos da letra de uma música e que ninguém precisa nos explicar. Da mesma forma, é de suprema importância reconhecer a natureza da poesia bíblica.

> Coloque-me como selo sobre seu coração,
> como selo sobre seu braço.
>
> Cântico dos Cânticos 8.6a

Após fazer um pedido expressando o desejo de estar perto do seu amado, na segunda parte do verso, "como selo sobre seu braço", a poetisa deixa subentendido o verbo "coloque-me". Esse exemplo é relativamente simples, mas, em outros casos, se não entendermos o que está subentendido, cometeremos sérios erros de interpretação. Nessa busca pela concisão, por vezes também são omitidas conjunções como "portanto", "visto que", "mas" e afins. Como entender a relação entre duas frases sem uma ligação (conjunção) explícita entre elas? Essa é uma das complexidades da poesia hebraica.[6]

IMAGENS E FIGURAS DE LINGUAGEM

Ilustrações, imagens e metáforas não são exclusivas da poesia, mas podem ser reconhecidas como um recurso poético que faz parte da nossa maneira de nos comunicarmos e de explicarmos as coisas. Na verdade, as metáforas fazem parte de nossa vida. Estamos sempre nos referindo a outras coisas para expressar aquilo que queremos dizer. Por exemplo: se quero uma mesa com pernas de madeira para minha sala, ao fazer uma busca on-line dificilmente encontrarei uma foto de pernas humanas feitas de madeira; antes, encontrarei simplesmente uma mesa com a parte inferior de madeira. Essa é uma metáfora que está cristalizada em nossa língua; ninguém em sã consciência pensa em pernas humanas quando diz: "Minha mesa lá em casa está com as pernas bambas". E, se eu comentar: "Preciso comprar uma cadeira com pés giratórios", ninguém vai pensar em pés humanos que dão uma volta de 360 graus. Em nossa fala cotidiana, lançamos mão de inúmeras metáforas sem sequer nos darmos conta. A metáfora é isso: falar de uma coisa (pernas/pés) para falar de outra (parte inferior da mesa ou da cadeira). O linguista cognitivo George Lakoff define metáfora da seguinte forma: "A essência da metáfora é entender e experienciar uma coisa no lugar da outra. A metáfora está

---

[6] Longman, *Cântico dos Cânticos*, p. 23.

presente no nosso dia a dia, não só na linguagem, mas também no pensamento e na ação".[7]

Consideremos a seguinte metáfora comum: "Tempo é dinheiro". Em nossa cultura, tempo é um bem de consumo. É um recurso limitado que usamos para atingir objetivos. Isso se deve à maneira pela qual o trabalho se desenvolveu na cultura ocidental moderna, em que ele é tipicamente associado ao tempo que leva para ser realizado. Hoje se tornou normal pagar o trabalhador por hora, por semana, e assim por diante. Lakoff conclui, diante disso, que os enunciados "tempo é dinheiro", "tempo é um bem de consumo", "tempo é um recurso limitado" são todos conceitos metafóricos. Vemos, portanto, que a metáfora é característica constitutiva da linguagem e que, na poesia, ela atinge níveis muito elevados.

Nós, leitores modernos, talvez tenhamos dificuldade com o fato de que o mundo imagético das sociedades em que os poemas bíblicos foram compostos não é o mesmo que o nosso. Se disséssemos ao rei Davi: "Tempo é dinheiro", é possível que ele não nos entendesse e respondesse: "Você tem uma moeda especial que se chama 'tempo'?". Precisaríamos, então, explicar como George Lakoff fez o que significa dizer que tempo é dinheiro.

Sigamos agora com novo exemplo, desta vez Provérbios 1.20:

A Sabedoria grita nas ruas
   e levanta a voz na praça pública.

---

[7] George Lakoff e Mark Johnson, n, *Metaphors We Live By* (Chicago: University of Chicago Press, 2003)., p. 3.

Nesse versículo, a sabedoria é personificada como mulher que grita nas ruas. É algo poético; não é uma narrativa histórica sobre uma mulher chamada Sabedoria que passava os dias levantando a voz em espaços públicos. As figuras de linguagem são extremamente comuns na poesia e são parte fundamental de sua compreensão. Se fecharmos os olhos e imaginarmos essa cena, perceberemos que as imagens proporcionam expressividade e emoção, mexem com o nosso coração. Também conferem profundidade ao nosso entendimento dessa passagem bíblica. Compreender um pouco mais da poesia bíblica nos leva, portanto, a conhecer melhor a mensagem bíblica, pois a forma da poesia é parte da mensagem e não é um aspecto secundário.

Há muito mais a se dizer sobre a poesia bíblica, mas este começo de reflexão pode nos ajudar a perceber melhor essa característica das Escrituras que, com frequência, é ignorada em nossas leituras. Joyce E. Winifred observa:

> É importante ler a poesia bíblica de maneira pausada e reflexiva, para que se possa apreciar sua linguagem figurada, sua sofisticação e sua natureza dramática. Somente assim poderemos ir além da compreensão intelectual e alcançar um melhor efeito na memória a partir do impacto emocional que a poesia visa comunicar.[8]

---

[8] Joyce E. Winifred Every-Clayton, "Poesia hebraica bíblica", in: C. René Padilla (org.), *Comentário bíblico latino-americano* (São Paulo: Mundo Cristão, 2021), p. 599.

WASF

Na Introdução, observamos que os rabinos argumentaram a favor da leitura alegórica desde os primeiros testemunhos que chegaram até nós. Contudo, essa abordagem tinha por objetivo defender o texto daqueles que queriam fazer uma leitura "literal", isto é, "carnal" e, portanto, retirar o livro do cânon. Na modernidade, depois de uma longa história de interpretação, começou-se a vislumbrar a possibilidade de se ler o livro de Cântico dos Cânticos de maneira não alegórica sem que isso implicasse a retirada do livro do cânon.

No começo do século 20, foram feitas muitas descobertas arqueológicas no antigo Oriente Próximo de artefatos das culturas suméria, babilônica, assíria e egípcia. Entre os achados, estavam diversos poemas amorosos que lembravam as metáforas contidas no Cântico. Para os biblistas, essas descobertas causaram uma verdadeira mudança de paradigma: Cântico dos Cânticos trata de amor humano! No momento em que se aceita que a Bíblia contém um livro sobre amor e sexualidade humanos sem que esse livro perca sua condição sagrada — e o pós-iluminismo ajudou muito nesta interpretação — é possível identificar o que esse livro tem a nos ensinar.

Com as descobertas arqueológicas, notou-se também a semelhança do Cântico com o gênero poético *wasf* (leia-se "uasáf"). As descrições estranhas da mulher do Cântico que construem imagens monstruosas, de alguém com uma torre em lugar de pescoço e cabras em lugar de cabelos, são associadas ao gênero poético *wasf*. Esse tipo de poesia fazia parte de cerimônias de casamento em que se entoavam cânticos que descreviam as perfeições pessoais e a beleza da noiva e do noivo. Na poesia de amor egípcia (1305-1150 a.C.), por exemplo, encontramos cânticos parecidos que trazem imagens florais e em que a mulher é comparada a vários elementos da natureza. Esses cânticos também falam do amor como doença e chamam a amante de "irmã", como no Cântico bíblico. Na poesia mesopotâmica suméria e acadiana, há textos menos próximos da poesia do Cântico. Neles, são as divindades que assumem o papel dos amantes, e os reis sumérios são louvados em seu casamento. Mas também encontramos uma descrição na *Mensagem de Ludingirra para sua mãe* (1800-1600 a.C.) em que o filho usa vocabulário muito parecido com o do Cântico para falar da beleza de sua mãe. O propósito dessas descrições não literais é exaltar o aspecto imagético e sensível da poesia.

À luz das descobertas dos séculos 19 e 20, precisamos também reiterar que, no antigo Oriente Próximo, não havia a distinção que fazemos hoje, ou que os comentaristas fizeram em séculos passados, entre amor erótico e relacionamento religioso. Esse tipo de dicotomia que fundamenta a contraposição entre uma leitura "literal" e uma leitura "alegórica" prejudica seriamente a interpretação da poesia em si. No antigo Oriente Próximo, o que inclui o antigo Israel, a poesia erótica era vista como um meio de relacionamento entre o divino e o humano. Por isso, podemos concluir que o público original do Cântico não tinha apenas uma leitura, um único significado possível para o Cântico. Como veremos em mais detalhes adiante, seu potencial teológico está diretamente ligado à sua forma poética. De acordo com Marti Nissinen, "permitir leituras múltiplas de Cântico dos Cânticos, inclusive religiosas, é necessário em virtude da sua própria natureza como representante característico da tradição poética do Antigo Oriente Próximo".[9]

Não precisamos ter uma visão dualista do ser humano em que o aspecto espiritual é contrário à natureza física e, portanto, em que espiritualidade é o oposto de sexualidade. O livro de Cântico dos Cânticos tem muito a dizer a esse respeito. Ao longo de nosso estudo, veremos que outros aspectos importantes também caracterizam a poesia hebraica bíblica. Eles serão apresentados conforme necessário para a análise do Cântico.

[9] Marti Nissinen, *Song of Songs and Sacred Marriage*: *The Divine-Human Sexual Metaphor from Sumer to Early Christianity* (Winona Lake: Eisenbrauns, 2008), p. 214.

~ 2 ~

Uma mulher que sabe o que quer

No céu não há preconceito
Lá não pretere o preto
Não há orgulho nem vaidade
Reino que para lá chegar
É necessário praticar:
A caridade
        Carolina Maria de Jesus, "Deus", *Antologia pessoal*

Este é o cântico dos cânticos de Salomão.
        Cântico dos Cânticos 1.1

Embora encontremos o nome de Salomão logo no começo do livro, a datação mais aceita entre os estudiosos para Cântico dos Cânticos é de alguns séculos depois do reinado de Salomão.[1] Por que, então, dizer que o Cântico

---

[1] De acordo com Ellen F. Davis, *Proverbs, Ecclesiastes, and the Song of Songs*, Westminster Bible Companion (Louisville: Westminster John Knox Press, 2000), p. 231, o poeta, ou a poetisa, toma emprestada uma palavra do persa (Ct 4.13) e, possivelmente, do grego (Ct 3.9). Para a biblista, é provável que a poetisa fosse uma judia helenista, assim como o autor de Eclesiastes; portanto, ainda de acordo com Davis, a datação seria entre o quinto e o terceiro séculos a.C. A data da composição é motivo de constante especulação entre os comentaristas. Há quem coloque o livro entre os séculos nono e oitavo a.C. Veja Othmar Keel,

é "de Salomão"? Para compreender melhor quem é o autor do livro, precisamos nos desfazer do conceito moderno de autoria. Para nós, leitores do século 21, o autor de um livro é aquele que o redigiu palavra por palavra e planejou seu conteúdo por alguns meses ou anos, daí seu nome na capa. Não era assim na Antiguidade. A referência a Salomão no início do livro não é o mesmo que o nome de um autor na capa de um livro hoje em dia. A fim de começarmos a entender o que significa o complemento "de Salomão" após as primeiras palavras do Cântico, precisamos saber quem era esse monarca na cultura israelita.

Salomão é lembrado como rei muito poderoso, o mais sábio de todos os homens e um grande compositor de canções. É visto, também, como o patrono da literatura de sabedoria. Logo, dizer que o Cântico é de Salomão não significa que ele é seu autor no sentido moderno, mas que o texto se insere na tradição de sabedoria salomônica (na

---

The Song of Songs: A Continental Commentary, Continental Commentaries (Minneapolis: Fortress Press, 1994). Para Robert Alter, *Strong as Death Is Love: The Song of Songs, Ruth, Esther, Jonah, and Daniel*, A Translation with Commentary (Nova York: W. W. Norton & Company, 2016), o texto é uma composição bem tardia do sétimo século a.C. Existe a possibilidade de que partes do Cântico tenham sido compostas no período salomônico tardio, com edições posteriores. Após apresentar diversas possibilidades, muitos comentaristas preferem não bater o martelo, visto que o texto não faz referências relevantes a contextos históricos externos. Ainda que algumas referências geográficas ajudem na datação, há mais dúvidas do que certezas. Isso, no entanto, não afeta a compreensão dos poemas, que têm como foco principal a paixão entre dois amantes.

verdade, como veremos, na contramão da sabedoria salomônica). Além disso, o tema da corte real remete ao rei Salomão, pois a mulher se imagina na corte e chama o seu amado de "rei". Salomão também é conhecido na Bíblia como um homem de paz (1Cr 22.9), e a atmosfera predominante no Cântico é de paz.

Além das associações positivas com aquilo que Salomão representa, o Cântico também faz referências negativas ao rei. Em Cântico dos Cânticos 6.8-9, o homem despreza Salomão por ter muitas mulheres, enquanto ele é fiel a uma só mulher e encontra satisfação nela. Quem conhece a história de Salomão sabe que o rei teve setecentas esposas e trezentas concubinas (1Rs 11.3). Essa é uma das várias maneiras pelas quais ele transgrediu a lei do Senhor, o que lhe custou caro. De modo contrastante, o homem do Cântico, de quem pouco sabemos, vem de um contexto pastoril. Não tem poder e riquezas como Salomão, mas tem a ousadia de se contrapor ao poderoso rei de Israel. Talvez Salomão tivesse algo a aprender do homem do Cântico, que estava completamente satisfeito com uma só mulher ao seu lado.

Outra referência negativa ocorre em Cântico dos Cânticos 8.11-12, desta vez na fala da mulher. Ela afirma que Salomão é extremamente rico, o que, para a maioria dos leitores, não é novidade. Esse fato fica evidente porque ele arrenda seu vinhedo para lavradores e paga a cada um mil peças de prata para colher os frutos. Logo no versículo seguinte, porém, a mulher afirma com convicção: "Quanto a meu vinhedo, faço dele o que quero, e Salomão não precisa pagar mil peças de prata" (Ct 8.12).

Ao contrário de Salomão, ela tem apenas um vinhedo, mas, ao observar que exerce controle total sobre ele, despreza a riqueza e a opulência do rei. A imagem do vinhedo é usada no Cântico (Ct 1.6; 2.15; 7.12) para se referir à sexualidade e ao corpo da mulher, como acontece com a imagem do jardim (Ct 4.12,16). Tanto o vinhedo quanto o jardim têm uma particularidade: são exclusivos, e a mulher não demora em nos dizer que ela decide a quem entrega o seu amor. O contraste com Salomão é gritante: ele tem muitos vinhedos extremamente lucrativos, mas precisa de trabalhadores para cultivá-los, pois não consegue cuidar deles sozinho. Salomão arrenda a terra a outros e retém parte da produção. Podemos quase ouvir a mulher concluir: "Eu, porém, não preciso de tudo isso; consigo cuidar sozinha do meu vinhedo!". Aqui, o verdadeiro amor é colocado em oposição à riqueza de Salomão, e o poder do amor é ressaltado em contraste com o poder econômico, social e político. Interpretando mais ainda a fala da mulher, é como se ela dissesse: "Salomão pode querer me comprar, mas meu amor não está à venda!".

Além de contrapor o verdadeiro amor com o "amor" de Salomão por centenas de mulheres, esse trecho é uma crítica ao sistema econômico de produção da monarquia. E, diga-se de passagem, Salomão não apenas podia comprar uma mulher, mas efetivamente o fez em seu harém com centenas de mulheres.

A poetisa não coloca um preço no amor que tem a oferecer e reafirma um tema constante no livro: a exaltação do amor monogâmico e fiel de um casal. Nesse relacionamento, tanto o homem quanto a mulher estão ativamente envolvidos e não usam nem abusam do corpo do outro ou do próprio corpo. Veremos adiante que a relação não abusiva do corpo dos amantes é, ainda, uma indicação de como também se deve cuidar da terra: sem o abuso e a exploração econômica presentes no reinado de Salomão.

Essa mulher sabe o que quer e, tendo entendido isso no poema final, podemos voltar ao início, pois desde as primeiras linhas encontraremos uma mulher que sabe quem é e o que deseja para si mesma.

INÍCIO, FIM E MEIO

Por que começamos a analisar o Cântico pelo fim? Porque essa abordagem nos mostra um dos elementos de suma importância nesse livro: não há nenhuma sequência temporal entre os vários poemas que compõem Cântico dos Cânticos. Tanto na leitura alegórica quanto na literal, diversos intérpretes ao longo da história tentaram encaixar os poemas em uma narrativa com uma sequência temporal: os amados se encontram; apaixonam-se um pelo outro; distanciam-se por motivos não explicados; a amada finalmente decide que quer continuar a história de amor, colocando de lado qualquer insegurança inicial; e, por fim, os dois se reencontram e celebram seu amor para sempre. Essas narrativas podem variar quanto ao número de atos e de personagens (há quem diga, por exemplo, que há dois homens na história: o rei e o pastor). Todas elas, porém, têm de lidar com partes do texto não muito explícitas e preencher as lacunas com referências externas. Essas dificuldades surgem por um motivo simples: o Cântico não tem uma narrativa cronologicamente ordenada.

Ellen Davis compara os poemas de Cântico dos Cânticos ao relato de um sonho, pois a cena muda constantemente, sem muita lógica.[2] As personagens aparecem e desaparecem de maneira abrupta e, como em um sonho, nem tudo tem explicação. Não significa, contudo, que o texto seja desorganizado ou caótico. Assim como nossos sonhos acontecem em momentos e espaços conhecidos da nossa vida, o Cântico está enraizado em uma história social e pessoal. Nos poemas do Cântico, encontramos referências ao antigo Oriente Próximo, à religiosidade israelita e à literatura e geografia de Israel. Dito isso, embora a ideia de sonho seja uma forma mais palpável de exemplificar o funcionamento do Cântico como um conjunto, o Cântico não é um sonho; antes, é um poema que imita os movimentos de um sonho. Davis nos adverte

---

[2] Davis, *Proverbs, Ecclesiastes, and Song of Songs*, p. 238. Simeon B. Chavel, "The Speaker of the Song of Songs", in: Simeon Chavel e Elaine T. James (orgs.), *Reading the Song of Songs in a #MeToo Era: Women, Sex, and Public Discourse*, Biblical Interpretation Series, vol. 212 (Leiden: Brill, 2023), p. 62-90, faz observações interessantes a respeito da suposta falta de narratividade, ou melhor, da falta de uma sequência temporal no Cântico. Para ele, o livro pode parecer uma colcha de retalhos de poemas desconexos, mas a locutora, uma jovem apaixonada, é o fio que liga esses vários poemas. A cena muda constantemente: às vezes ela está se preparando para ver o amado, e pouco depois já está com ele. Esses constantes movimentos não prejudicam a vinculação do poema, mas, sim, constroem sua coerência e coesão.

enfaticamente que, por isso, quem pode nos ensinar mais sobre o Cântico são os poetas e não os psicanalistas.

APRESENTO-LHES UMA MULHER: UMA MULHER NEGRA!

> Sou [preta] e bela,
>   ó filhas de Jerusalém;
> como as tendas de Quedar,
>   como as cortinas de Salomão.
> Não fiquem me olhando por eu ser [preta];
>   foi o sol que me queimou a pele.
> Os filhos da minha mãe ficaram zangados comigo
>   e fizeram-me tomar conta das vinhas;
> da minha própria vinha, porém,
>   não pude cuidar.
>
> Cântico dos Cânticos 1.5-6 (NVI)[3]

---

[3] Tomei a liberdade de substituir a palavra "morena" por "preta" (hebr. šeḥora, v. 5; šeḥarḥoret, v. 6) em ambos os versículos, uma vez que, em português brasileiro, atualmente a palavra "morena" é sempre menos aceita para se referir à cor da pele de uma pessoa. "Morena" pode até ter uma conotação sexualmente negativa quando se refere a uma mulher. A palavra šeḥora (v. 5), significa, literalmente, "escuro, preto", e a palavra do versículo 6, šeḥarḥoret, é um diminutivo de šeḥora que significa "escurecido". Veja Robert Alter, *Strong as Death Is Love: The Song of Songs, Ruth, Esther, Jonah, and Daniel*, A Translation with Commentary (Nova York: W. W. Norton & Company, 2016); e Ariel A. Bloch e Chana Bloch, *The Song of Songs: A New Translation with an Introduction and Commentary* (Berkeley: University of California Press, 1998). O termo šeḥarḥoret também pode ser um intensivo de šeḥora; com esse sentido, o significado seria "tornar mais escuro o que já era escuro", conforme

Foi por meio dos versículos 5 e 6 do primeiro capítulo que Cântico dos Cânticos começou a fazer parte da minha vida de maneiras que eu não poderia ter imaginado. Como observei na Introdução, meu primeiro contato prolongado com o livro foi em um curso a seu respeito. Era um estudo alegórico, que entendia o livro como uma descrição da relação entre Jesus e sua igreja, não só no sentido coletivo, mas também individual. Diversas passagens do Cântico eram, portanto, interpretadas como sinais de nossa busca individual por um relacionamento com Deus. Por exemplo, o momento em que o homem desaparece (Ct 3.1) seria uma representação das ocasiões em nossa vida com Deus em que não sentimos sua presença, os tempos de aridez espiritual, em que buscamos a Deus e ele parece estar distante e não nos ouvir, o que João da Cruz chamou de "noite escura da alma".[4] No entanto, como procuro mostrar aqui, o Cântico tem interpretações ricas e teologicamente relevantes para a nossa vida mesmo que façamos uma leitura não alegórica.

No curso, aprendemos que, em Cântico dos Cânticos 1.5-6, a mulher (que representa cada cristão em sua

---

Richard S. Hess, *Song of Songs* (Grand Rapids: Baker Academic, 2005), p. 245. Veja Bloch, *The Song of Songs*, p. 139.

[4] Os ensinamentos da noite escura da alma acompanharam diversos momentos sensíveis da minha vida, momentos de lutos, perdas e conflitos internos. Aprendi e cresci muito com João da Cruz, com quem tive o primeiro contato graças às obras de Richard Foster, *Celebração da disciplina: O caminho do crescimento espiritual* (São Paulo: Vida, 2007); e *Oração: O refúgio da alma* (São Paulo: Vida, 2008).

jornada espiritual) está insegura sobre sua aparência; está envergonhada porque sua pele é escura. Nas traduções mais antigas desse texto, há uma contraposição entre "escura" e "bonita".[5] Quando ela diz às filhas de Jerusalém: "Não olhem para mim", reforça essa ideia de insegurança sobre sua aparência. Hoje, eu não escolheria a interpretação alegórica dessa passagem como primeira opção de leitura, mas, até aqui, a proposta é razoavelmente aceitável. O pior ainda está por vir. Supostamente, a jovem do Cântico sente vergonha porque pecou, e a cor escura de sua pele simboliza esse pecado. Na alegoria, portanto, nós que somos a noiva de Cristo iniciamos nossa caminhada na fé inseguros e cheios de pecados e não vemos beleza em nós mesmos, mas Cristo, o homem do Cântico, afirma constantemente nossa beleza, pois vê além do pecado.

A princípio, o que mais me incomodou não foi o texto bíblico em si. Se essa era uma expressão de insegurança por parte da mulher, estava registrada no texto e não havia nada que eu pudesse fazer. Mas onde estava no texto a associação com o pecado? Por que pele escura significaria pecado?[6] Essa ideia aparece em alguma outra

---

[5] A NVI, antes de 2023, trazia "Estou escura, mas sou bela".
[6] Na Bíblia, há uma associação comum e frequente entre "escuridão", "trevas" e pecado, em contraposição à luz. No entanto, essa contraposição não se relaciona de forma alguma à cor da pele das pessoas. Na sociedade greco-romana, de tempo muito posterior àquelas populações mencionadas no AT, havia uma impressão mais negativa da pele etnicamente escura. Essa compreensão cultural foi absorvida pelos pais da igreja e, portanto, constituiu uma associação muito posterior

passagem do Antigo Testamento? Como é comum acontecer com a leitura alegórica, fazem-se associações que não são, necessariamente, implicadas no contexto imediato do texto. A associação do pecado à cor escura da pele é um desses casos, pois não há no texto em questão, nem na parte que o antecede nem no que segue, nenhuma

aos tempos do AT. A título de exemplo, já se pode encontrar essa relação (pele escura-pecado) em Orígenes. Em sua *Homilia ao Cântico dos Cânticos*, o pai da igreja faz essa associação da cor escura da pele dos estrangeiros etíopes com o pecado (Orígenes, *Homilias e comentário ao Cântico dos Cânticos*, vol. 38, Patrística [São Paulo: Paulus, 2019], Livro 2.42-57). É interessante notar que o raciocínio de Orígenes é complexo. Ele cita muitos exemplos de etíopes nas Escrituras: a rainha de Sabá, a esposa de Moisés e o eunuco etíope Ebede-Meleque, e faz uma interpretação de que os etíopes no AT representavam cada estrangeiro que se aproxima de Cristo. Nessa alegoria, o próprio Orígenes está incluído, pois é estrangeiro. Orígenes repete diversas vezes a expressão "negra e bela" para se referir à noiva de Cristo e a todos os não hebreus que foram abençoados pelo povo de Deus e se tornaram parte dele. Para ele, a mulher do Cântico é confiante (Livro 2.50), e quem tem preconceito em relação a ela são as filhas de Jerusalém. Ele enxerga a autoconfiança da mulher do Cântico, mas também (Livro 2.56) associa mais de uma vez a cor escura de sua pele ao pecado. Conclui a análise de Cântico dos Cânticos 1.5-6 dizendo que a mulher, ao fim do Cântico, se tornará branca (Livro 2.57), pois, de alguma forma, a versão do Cântico ao qual ele tinha acesso dizia em Cântico dos Cânticos 8.5: "Quem é esta que está subindo toda de branco?" (Livro 2.57). Cântico dos Cânticos 8.5 não contém em nenhum lugar referência à cor branca nas versões e comentários que lemos hoje em dia. Ainda que a interpretação de Orígenes seja complexa e nuançada, com traços negativos em relação à pele escura, ele sempre diz "negra e bela", sem nunca usar a preposição adversativa entre os dois adjetivos.

referência a pecado. Se considerarmos o contexto maior do Antigo Testamento, a palavra traduzida para o português em várias versões por "morena" (Ct 1.5), "escuro" (Lv 13.31) ou "preto" (Ct 5.11; Zc 6.2), como preferi traduzir, na esmagadora maioria das ocorrências no Antigo Testamento não tem conotação negativa.[7] Por que, então, aqui os alegoristas em geral adotam uma interpretação

---

[7] Analisemos as ocorrências da palavra que traduzi por "preta" em Cântico dos Cânticos 1.5. A palavra hebraica para "escuro/preto" (*šāḥar*) ocorre em Levítico 13.31, quando o sacerdote precisa examinar a pele de uma pessoa para determinar se indica alguma condição de impureza. Se o pelo dessa porção de pele for "escuro", é indício de que não há impureza. A passagem de Levítico prossegue, instruindo o povo sobre como tratar os casos em que há impureza que se reflete em manchas claras na pele (ou seja, manchas brancas denotam impureza). Já em Zacarias 6.2, na visão do profeta há quatro cavalos: vermelho, branco, preto e malhado. E a palavra traduzida na NVI e na NVT por "preto" é exatamente a mesma de Levítico e de Cântico dos Cânticos 1.5-6. No Cântico, mais adiante (5.11) os cabelos "pretos" e ondulados do homem também são elogiados. Há duas menções a pele adoecida e escurecida (Jó 30.30; Lm 4.8) em razão de uma febre muito alta. Essa é a única menção negativa do termo *šāḥar*. Renita Weems, "The Song of Songs: Introduction, Commentary, and Reflections", in: Leander E. Keck (org.), *The New Interpreter's Bible: Proverbs - Sirach* (Nashville: Abingdon Press, 2001), p. 363-434, se serve desse argumento para embasar a tradução "Sou preta e bonita", pois a palavra *šāḥar* remete mais vezes à cor preta no AT do que a algo simplesmente "escuro". Parece-me apropriado entender o significado e a valoração positiva de "preto" nessa passagem à luz das duas comparações que o próprio poeta instancia no versículo 5, conforme sugerem Keel, *The Song of Songs*, p. 79; Davis, *Proverbs, Ecclesiastes, and Song of Songs*, p. 244; Bloch e Bloch, *The Song of Songs*, p. 47, 140; e Weems, "The Song of Songs".

negativa? Há uma questão no texto original que torna possível traduzir a mesma frase de duas formas:

> Sou morena *e* bela, ó mulheres de Jerusalém;
> morena como as tendas de Quedar,
> bela como as cortinas de Salomão.
> Cântico dos Cânticos 1.5 (grifo nosso)

> Mulheres de Jerusalém, eu sou morena, *porém* sou bela.
> Sou morena escura como as barracas do deserto,
> como as cortinas do palácio de Salomão.
> Cântico dos Cânticos 1.5 (NTLH, grifo nosso)

Até a publicação da NVT em 2016, em português brasileiro, somente a ARA e a ARC traziam "e" entre os dois adjetivos; todas as outras traduziam a palavra hebraica *we* por "mas", ou "porém", como é o caso da NTLH. Hoje, a tendência das versões é traduzir como a NVT ou a NVI 2023, o que não é por acaso. Diante do "porém", é até plausível entender que a mulher estivesse, de alguma forma, justificando a cor da sua pele.[8] Portanto, a leitura alegórica seguiu esse caminho que, a meu ver, é um tanto problemático. Uma vez que nada nessa passagem indica pecado, até mesmo os partidários da leitura alegórica deveriam rever sua interpretação. O que aconteceu para que a pequenina palavra "e" fosse traduzida por "mas"? Afinal, o significado

---

[8] Durante a redação final deste livro, tive a grata surpresa de conhecer a Nova Bíblia Pastoral (São Paulo: Paulus, 2020), cuja tradução é maravilhosa: "Eu sou negra e bela, / ó filhas de Jerusalém, / semelhante às tendas de Cedar / e como as cortinas de Salma" (Ct 1.5).

muda muito a depender da conjunção que se coloque nessa frase. Minhas considerações a seguir não são, de modo nenhum, uma crítica ao trabalho difícil e longo realizado por muitas pessoas nos diversos empreendimentos tradutórios das Escrituras. Antes, constituem uma argumentação apontada por diversos teólogos, teólogas e biblistas a favor do uso de "e" nessa passagem.

Em hebraico lemos no versículo 6 algo como: "Preta *we* bonita sou, ó filhas de Jerusalém". A conjunção *we* (*vav*), que conecta as duas características da mulher, pode ser traduzida tanto por "e" quanto por "mas", sendo a tradução por "e" mais comum no hebraico bíblico. Isso faz uma enorme diferença, principalmente para nós, leitores modernos, que vivemos em uma sociedade brasileira pós-escravidão, pós-projetos de eugenia do século 20 e pós-1945, em que leis e projetos de imigração favoreciam "as características mais convenientes da [...] ascendência europeia".[9] O texto bíblico

---

[9] No Brasil do final do século 19, na mesma época em que os abolicionistas se organizavam para acabar com a escravidão, havia projetos de "branqueamento" da população apoiados por intelectuais do império e do movimento republicano. Foi aí que nasceram os programas de imigração europeia. Esses projetos culminariam décadas depois em uma lei oficial em 1945. A lei previa uma política imigratória que tinha como finalidade "desenvolver a imigração que for fator de progresso para o país"; lemos então no segundo artigo da lei: "Art. 2º Atender-se-á, na admissão dos imigrantes, à necessidade de preservar e desenvolver, na composição étnica da população, as características mais convenientes da sua ascendência europeia, assim como a defesa do trabalhador nacional." Decreto-Lei nº 7.967 de 27 de agosto de 1945, revogado pela Lei nº 6.815, somente em 1980. Minha intenção

não está, de maneira nenhuma, carregado de preconceito racial, pois a sociedade israelita não era dividida em raças, como é a nossa. Havia outros tipos de preconceitos mais relevantes para discriminar pessoas, como ser pobre, estrangeiro ou viúva, entre outros. Tanto não era esse o caso que, na primeira tradução do Antigo Testamento para o grego, a Septuaginta (LXX),[10] encontramos a conjunção "e" *(καὶ)*, mostrando que os primeiros tradutores dessa passagem não viam oposição entre beleza e cor escura da pele.

Será que a mulher está envergonhada em razão da cor de sua pele? Ou está afirmando, sem nenhum receio, que ela é preta? Façamos uma leitura atenta da frase seguinte. A mulher se compara às tendas de Quedar e às cortinas de Salomão (v. 5). Quedar era um dos mais poderosos

ao trazer esse fato em nota não é falar da composição multiétnica e única que forma o Brasil. Como paulistana, conheço muitos descendentes de italianos que têm histórias sofridas de seus avós e bisavós na chegada ao Brasil. Essa imigração massiva, porém, foi projeto de Estado que deixou os negros e seus descendentes à margem da sociedade de formas muito explícitas. Se era necessário favorecer a ascendência europeia da população brasileira, o que aconteceria com os descendentes de africanos e indígenas? As estatísticas do Brasil infelizmente respondem a essa pergunta. A lei de 1945 está disponível em: <https://www2.camara.leg.br/legin/fed/declei/1940-1949/decreto-lei-7967-18-setembro-1945-416614-publicacaooriginal-1-pe.html>.

[10] *Μέλαινά εἰμι καὶ καλή, / θυγατέρες Ιερουσαλημ, / ὡςκηνώματα Κηδαρ, ὡςδέρρεις Σαλωμων.* Septuaginta, hg. v. Alfred Rahlfs, zweite, verbesserteAuflage, hg. v. Robert Hanhart, © 2006 Deutsche Bibelgesellschaft, Stuttgart. "CANTICUM 1 - Septuaginta (LXX) - Bibelwissenschaft", acesso em 14 de dezembro de 2023, <https://diebibel.ibep-prod.com/bibel/LXX/SNG.1>.

grupos tribais beduínos do norte da Arábia, famoso por seu esplendor e sua força, uma tribo de pastores e guerreiros,[11] cujas tendas eram feitas de peles de bodes pretos.[12] Além de a mulher associar sua cor de pele às tendas de cor negra, a própria raiz da palavra "Quedar" (*qdr*) lembra a palavra para a cor preta em hebraico.[13] A mulher também se compara às cortinas de Salomão: ela é linda como essas cortinas. Significativamente, as únicas cortinas descritas na Bíblia faziam parte das estruturas e da mobília do santuário de Deus no tabernáculo e no templo de Salomão. Com destaque especial, a cortina que separava o lugar santo do lugar santíssimo era feita de linho fino com fio azul, púrpura e vermelho, bordada com figuras de querubins (2Cr 3.14). Portanto, a descrição nessa passagem não apenas exalta a beleza da mulher, mas também introduz um tema comum no Cântico: o templo e a religião. Essa mulher não parece ter uma autoestima baixa; ela se compara a uma tribo conhecida por sua opulência e às cortinas do templo.[14] Robert Alter parafraseia esse versículo:

---

[11] Isaías 21.16; 60.7, Jeremias 49.28-29; Ezequiel 27.21.
[12] John H. Walton, *Comentário histórico-cultural da Bíblia: Antigo Testamento* (São Paulo: Vida Nova, 2017), p. 748.
[13] Weems, "The Song of Songs", p. 383. A palavra "preto" em hebraico tem a raiz *qdr*. Com a associação à tribo de Quedar, vemos um jogo de palavras que somente um olhar atento à construção poética do texto no original pode nos fazer notar.
[14] Analiso com atenção o paralelismo presente nesse versículo em meu artigo "A mulher de Cântico dos Cânticos", Medium, *Lecionário* (blog), 17 de junho de 2021, <https://lecionario.com/a-mulher-de-cantares-2bfd8c094f3>.

Sim, sou escura, diz ela, como tendas nômades tecidas com pelos de cabra pretos (o nome "Quedar" é um trocadilho com uma raiz hebraica que significa "escuro"), mas, se pareço pertencer a um ambiente beduíno rústico, minha cor escura também é adorável, como as cortinas da tenda de Salomão, que podiam muito bem ser tingidas, à moda real, de azul profundo ou roxo.[15]

Por que, então, ela pede às filhas de Jerusalém que não olhem para ela (v. 6)? Esse "não fiquem me olhando" introduz um conjunto de temas que será recorrente no Cântico: oposição, ameaça e punição. A mulher explica que foi forçada pelos próprios irmãos a trabalhar debaixo do sol. Ela teve que trabalhar nas vinhas e ficou mais escura ainda, o que a coloca em uma posição de "trabalhadora", sinal de vergonha para as mulheres daquele período. Esta é a primeira vez que o vinhedo aparece no Cântico. É pouco provável que a mulher tivesse um vinhedo próprio para cuidar. É mais plausível que esse vinhedo tenha sentido metafórico. Enquanto no versículo 5 a mulher descreve a si mesma, no versículo 6 ela se dirige às filhas de Jerusalém, pois a cor de sua pele não é um problema para ela, mas, sim, para observadores externos. As filhas de Jerusalém funcionam no poema como um coro que ecoa a voz dos protagonistas (Ct 2.15; 6.1), liga um poema a outro (8.1) ou ajuda, como recurso poético, a dar andamento à sequência textual (7.1).

---

[15] Alter, *Strong as Death Is Love*, edição Kindle.

Nesse versículo, é possível notar um preconceito de classe social por parte das filhas de Jerusalém em relação à protagonista do Cântico. Uma pessoa que trabalhava na vinha ficava visivelmente mais bronzeada que uma pessoa de origem mais nobre que tinha o luxo de passar os dias dentro de casa. As filhas de Jerusalém também podem representar uma elite urbana preconceituosa com a população rural. Com a referência negativa aos irmãos, a mulher aponta para uma relação de exploração. De alguma forma, ela é explorada, talvez por meio da prática de arrendamento de terra e da colheita por uma elite urbana que se aproveita da força de trabalho da população mais humilde.

Com certeza, a vinha também se refere à própria mulher, ao seu corpo, uma vez que o uso metafórico de vinha/jardim para o corpo da mulher é constante no Cântico. A mulher chama nossa atenção para o fato de que seus irmãos se iraram com ela. Embora ela não explique o motivo dessa ira, subverte um tema de vergonha e o transforma em autoafirmação e autovalorização. Não se constrange de explicar por que está mais escura; sente-se atraente e bela e quer que todo mundo o saiba. Não tem vergonha de sua aparência nem de seu trabalho.

Nesse sentido, o presente trecho do Cântico traz à memória a canção "Lamento sertanejo" (1975), de Dominguinhos e Gilberto Gil. Essa canção expressa a dualidade sertão/cidade em que a cidade é um lugar de desconforto para o protagonista. Ele começa com uma descrição do lugar de onde vem e o contrasta com a cidade, que não lhe faz bem:

Por ser de lá
Do sertão, lá do cerrado
Lá do interior do mato
Da caatinga do roçado
Eu quase não saio
Eu quase não tenho amigos
Eu quase que não consigo
Ficar na cidade sem viver contrariado

Na segunda estrofe, ao falar das coisas de que não gosta na cidade, ele mostra a visão que as pessoas da cidade têm dele. Como a mulher do Cântico, ele não pede desculpas por ser de onde é e por não saber quase nada. Declara:

Por ser de lá
Na certa por isso mesmo
Não gosto de cama mole
Não sei comer sem torresmo
Eu quase não falo
Eu quase não sei de nada
Sou com rês desgarrada
Nessa multidão, boiada caminhando a esmo[16]

Essa canção é uma ode ao sertão em que o poeta não se despreza; retrata como a sociedade o lê, mas, ao mesmo tempo, comemora sua cultura de origem. Vemos, portanto, como a poesia introduz temas profundos com poucas palavras e poucos versos. Nós, leitores e ouvintes,

---

[16] Conheci essa música ouvindo Mestrinho, um mestre de canções de amor. Ouça!

precisamos estar atentos para entender. A mulher tem orgulho de sua cor, e o contraste no Cântico é com os irmãos, ou melhor, com "os filhos de [sua] mãe". Jerusalém é considerada mãe em vários textos bíblicos e, portanto, os "filhos de [sua] mãe" são como as "filhas de Jerusalém". Na verdade, ao se apresentar como irmã deles, a mulher se coloca em pé de igualdade com eles, também como filha de Jerusalém, apesar de não fazer parte da elite da cidade. Segue um princípio do Pentateuco e de outras partes da Bíblia segundo o qual todos os que fazem parte do povo de Deus, debaixo da sua aliança, são irmãos. Nossa mulher do Cântico tem orgulho de quem é, tão imponente quanto as tendas de Quedar e as cortinas de Salomão!

Convém reiterar que o conceito de raça não está presente no texto original, pois essa não era uma categoria relevante para a sociedade em que o texto foi redigido.[17]

---

[17] Conforme aponta Keel, *The Song of Songs*, p. 79-83, há muitos mistérios sobre essa descrição física da mulher. Os versículos 5-6 do primeiro capítulo do Cântico apresentam a única descrição física passível de comparação com uma mulher de carne e osso. Como veremos nos capítulos seguintes, no Cântico inteiro não conseguimos verdadeiramente compreender o aspecto físico dos amantes, algo que tem propósitos poéticos. Acredito que, também por isso, esses versículos são tão emblemáticos no livro, ainda mais para uma mulher negra como eu. Para Keel, a comparação entre a tenda de Quedar e as cortinas de Salomão confere à mulher uma característica fundamental: ela é misteriosamente diferente das outras mulheres e ela se orgulha disso. Segundo ele, ainda, ao se descrever como preta, a mulher se coloca no contexto do divino, uma vez que em diversas culturas próximas à da composição do Cântico se observa a presença de deusas pretas. Essa negritude então confere à mulher mais

Precisamos entender que há uma ambiguidade inerente ao hebraico que possibilita traduzir a partícula *we/vav* tanto por "e" quanto por "mas". A tradução com conjunção adversativa não é a mais provável à luz do que foi explicado

dignidade ainda, não por motivos que serviriam hoje em dia no Brasil, mas por outras comparações mais apropriadas à época do Cântico. Mulheres pretas em algumas culturas antigas não pertenciam mais ao mundo dos mortais: Nefertari, a esposa do faraó Ahmose I, quando divinizada, é retratada com tinta em sua pele completamente preta; para os romanos e gregos, as deusas Ísis, Cibele, Diana, Afrodite eram representadas em estatuetas pretas. Podemos lembrar, em contexto brasileiro, que a Aparecida é preta. Keel conclui que, no contexto católico, a Aparecida talvez seja preta por simples causas naturais do material que foi utilizado para a estatueta ou também porque as aparecidas têm suas origens em deusas pagãs. De toda forma, a representação de sua negritude tem como propósito chamar a atenção para seu aspecto divino. Entendo que a interpretação de Keel, historiador da religião católico e especialista em mundo bíblico do AT, pode trazer preocupações para alguns de nós, evangélicos. É bom lembrar, porém, que essa referência às culturas pagãs do antigo Oriente Próximo no Cântico é somente uma de tantas outras presente no livro. Isso não significa que o livro tenha propósitos cúlticos relacionados a rituais pagãos, uma ideia amplamente descartada pelos maiores estudiosos do AT. Compreender as relações entre algumas passagens e seu contexto histórico-cultural mais amplo expande nosso entendimento das Sagradas Escrituras. No Cântico, o amor, o desejo dos amantes e a autoestima da mulher são centralizados, mas não são divinizados. Como veremos adiante, o Cântico também alerta para os perigos e as dores que o amor pode causar na vida de uma pessoa apaixonada. Para entender melhor a relação entre os textos bíblicos e o antigo Oriente Próximo recomendo a série de podcasts "Os outros da Bíblia" do BTcast, e o livro homônimo de André Daniel Reinke, *Os outros da Bíblia: História, fé e cultura dos povos antigos e sua atuação no plano divino* (Rio de Janeiro: Thomas Nelson Brasil, 2019).

acima e, por isso, a maioria das traduções mais recentes da Bíblia para o português usa "e" em lugar de "porém/mas".[18] Em uma leitura sujeita a ser imbuída de preconceitos de nossa sociedade brasileira, a princípio pode parecer que a mulher esteja se desculpando por sua cor, mas vimos que, na realidade, ela está ostentando a cor de sua pele.

Renita Weems, primeira mulher negra a obter um doutorado em estudos do Antigo Testamento nos Estados Unidos, escreve em seu comentário ao Cântico: "Cântico dos Cânticos [...] explora nossos preconceitos culturais

---

[18] Contra essa visão, veja Longman, *Comentário do Antigo Testamento*, p. 127-29; e Richard S. Hess, *Song of Songs* (Grand Rapids: Baker Academic, 2005), p. 48-50. Ambos observam que a mulher se compara a objetos suntuosos e opulentos, mas preferem interpretar a passagem com um tom de justificativa, como se a mulher estivesse pedindo desculpas pela cor da sua pele. Enquanto Hess ressalta que há algo de exótico na beleza da mulher e, portanto, que ela tem uma opinião positiva acerca de si mesma, para Longman a mulher está insegura quanto a sua aparência. Considero interessante a síntese que Vita Daphna Arbel tentou fazer desse curto poema de Cântico dos Cânticos 1.5-6: ela decide aceitar a ambiguidade dessa passagem como constitutiva da identidade da mulher. "A mais bela das mulheres", diz a estudiosa, "é obrigada a conciliar a multiplicidade em sua autoafirmação, vendo-se como maravilhosa e autoconfiante, por um lado, e uma mulher comum e tímida, por outro." Ela se refere a Cântico dos Cânticos 2.1 como um caso em que a mulher se mostra como uma pessoa comum e tímida, mas em minha leitura a partir de vários comentaristas, não fui convencida por essa escolha e, no capítulo 2, explico meu entendimento sobre Cântico dos Cânticos 2.1. Veja Vita Daphna Arbel, *On Femininities in the Song of Songs and Beyond: "The Most Beautiful Woman"*, Library of Hebrew Bible/Old Testament Studies (Londres: Bloomsbury T&T Clark, 2023), p. 71-73.

mais profundos, fazendo-nos confrontar a maneira que eles nos impedem de ver certas pessoas como indivíduos com necessidades, desejos, ambições de amor e intimidade, assim como nós".[19] *Ela* é a protagonista, *uma mulher* é a protagonista, *uma mulher negra* é a protagonista! A mulher não é perfeita, mas, certamente, a cor de sua pele não é amaldiçoada e, diante do escrutínio das filhas de Jerusalém, ela se defende, mas não se desculpa.

O mundo antigo era extremamente hostil às mulheres e, mesmo assim, encontramos nesse lindo trecho da Bíblia uma mulher que se posiciona de uma forma que define o tom do restante do poema. Não obstante a ira de seus irmãos, ela tem direito de cuidar de si mesma e de buscar o amor apaixonadamente, de encontrar alguém em quem possa confiar e com quem possa se alegrar. Enquanto no livro essa busca é retratada por um romance avassalador entre dois jovens, em nossa vida talvez consista no esforço por encontrar aquilo que realmente importa. O desejo da mulher por intimidade verdadeira, por um relacionamento real, talvez represente o anseio de cada um de nós por uma vida que valha a pena ser vivida, uma vida celebrada de várias maneiras no livro. Ingressaremos nessa busca por meio das emoções da mulher e do amado, que nos levarão a examinar nossas emoções e posicionamentos. O amor nos faz sair da nossa zona de conforto, e o Cântico nos mostra de muitas formas que o amor vale a pena, seja ele por nossos amigos, filhos, entes queridos ou pela própria vida.

---

[19] Weems, "The Song of Songs", p. 384.

Essa realidade nos convida a refletir sobre a razão de um livro tão peculiar ter sido incluído nas Escrituras. Cântico dos Cânticos tem claras conotações sexuais que não excluem o significado religioso; o amor de Deus nas Escrituras pode ser um campo de formação da pessoa. Como o amor profundo de uma pessoa pela outra, o relacionamento de amor com Deus envolve devoção total, bem como a prática constante de arrependimento, perdão e entrega. Esse amor nos forma e nos transforma.

~ 3 ~
Intimidade em um mundo superficial

O lírio foi o amor
Que esplendor...
É amar! E ser correspondida
Quando o homem é competente
A mulher sente
Que já está realizada na sua vida. [...]

A vida só tem valor
Com um amor
Que saiba nos corresponder.
Quando um homem tem qualidades
Quantas felicidades
Com ele é tão sublime viver!

Carolina Maria de Jesus, "O lírio", *Antologia pessoal*

Nosso mundo grita superficialidade. Ajeitamos a mesa na cafeteria para tirar uma foto e postar no Instagram junto com uma mensagem de bom-dia. Depois, bebemos o café enquanto respondemos a algumas mensagens no Whatsapp, mas não aproveitamos aquele momento que nunca mais voltará e que deveria ter sido uma pausa no início do dia para apreciar um bom café. O celular se tornou uma continuidade do nosso corpo, e não fazemos mais quase nada sem ele. Como era tomar banho apenas ao som da água do chuveiro e ter um momento a sós com nossos pensamentos? Será que ainda vivemos momentos de profundo envolvimento com as pessoas e com as situações ao nosso redor? Seguimos centenas de pessoas, mas com quantas delas temos intimidade?

Ellen Davis observa: "O Cântico é a afirmação mais forte possível do desejo de um relacionamento íntimo, harmonioso e duradouro com o outro. O fato de esse livro estar no cânon das Escrituras indica que intimidade genuína nos coloca em contato com o sagrado. É por meio dessa intimidade que a vida humana no mundo é santificada".[1] Muitas vezes, deixamos que até mesmo os relacionamentos profundos que construímos ao longo de anos de dedicação sejam ameaçados porque estamos ocupados demais para cultivá-los. Diante da necessidade que sentimos de ser constantemente produtivos, resta pouco tempo para as coisas que não têm aparente utilidade.

Nesse sentido, o Cântico faz uma afirmação fortemente contracultural para o nosso mundo ao celebrar um amor inútil, que não serve para nada. Cultivar o amor, cuidar de nossos relacionamentos, exigirá que tiremos tempo de outras atividades mais produtivas em nossa vida, aquelas que nos fariam ganhar mais dinheiro ou adquirir mais conhecimento. Relacionamentos profundos e autênticos "prejudicam" nosso desempenho em outras

---

[1] Ellen F. Davis, *Proverbs, Ecclesiastes, and the Song of Songs*, Westminster Bible Companion (Louisville: Westminster John Knox Press, 2000), p. 23.

áreas. Enquanto diversos influenciadores nas redes sociais declaram o quanto é importante nos relacionarmos com pessoas que acrescentem algo, que nos puxem para cima, o Cântico segue em outra direção. Não é que não seja importante conhecer pessoas inspiradoras e que nos impulsionem a crescer, mas nem todo relacionamento nas amizades, nos amores e em família se resumirá a isso.

O amor, o verdadeiro amor, não é uma transação. E nós, na era em que a lógica do capitalismo abocanhou todas as áreas da nossa vida, precisamos prestar atenção ao quão "capitalizados" estão os nossos relacionamentos. Embora faça parte da vida adulta interagir com outras pessoas para obter crescimento profissional e pessoal, o amor sai prejudicado quando todas as interações se resumem a fazer networking. O amor do Cântico é completamente não utilitário:

> *A Amada*
> Eu sou a flor que nasce na planície de Sarom,
>   o lírio que cresce no vale.
>
> *O Amado*
> Como um lírio entre os espinhos,
>   assim é minha querida entre as moças.
>
> *A Amada*
> Como uma macieira entre as árvores do bosque,
>   assim é meu amado entre os rapazes.
>   Cântico dos Cânticos 2.1-3

O amor não existe sozinho; essa é a sabedoria que aprendemos com a participação dos amantes no relacionamento amoroso do Cântico. A mulher inicia essa interação com uma autodescrição que, mais uma vez, a retrata confiante em sua identidade. As flores a que ela se refere (v. 1) são mencionadas nos profetas Isaías (a flor não especificada é traduzida por "açafrão") e Oseias ("lírio"):

> As regiões desabitadas e o deserto exultarão;
> a terra desolada se alegrará e florescerá como o *açafrão*.
>
> Isaías 35.1 (grifos nossos)

> Serei para Israel
> como o orvalho refrescante.
>
> Israel florescerá como o *lírio*;
> lançará raízes profundas no solo,
> como os cedros do Líbano.
>
> Oseias 14.5 (grifos nossos)

Oseias anuncia que a prosperidade e a fertilidade de Israel vêm unicamente do seu Deus e não dos deuses cananeus da fertilidade. O profeta se serve da linguagem e das imagens dos cultos da fertilidade para sublinhar esse aspecto, pois Deus é o verdadeiro amante de Israel. O Cântico traz várias imagens florais, e a mulher aplica o imaginário da natureza a si mesma repetidas vezes. Nesse aspecto, portanto, os estudiosos veem uma proximidade muito grande entre nosso poema e os livros proféticos, principalmente de Isaías e Oseias. A atmosfera de paz e a exaltação da natureza que vemos no Cântico não remetem apenas a um ambiente bucólico e romântico, mas têm, também, reivindicações e implicações teológicas profundas.

Primeiro, fica evidente que a mulher é bastante segura de si, como observamos no segundo capítulo. Segundo, as conexões intertextuais entre os livros proféticos e o Cântico remetem a um Israel restaurado, a uma promessa de fertilidade na terra de Israel no futuro; portanto, o Cântico representa o clímax das visões proféticas de Israel restaurado. Terceiro, essas imagens sobrenaturais e divinizadas da natureza apontam para um lugar na terra idealizado pelo próprio Deus para que os seres humanos ali vivessem: o Éden.

Nesse ambiente que lembra a vida no Éden, há total correspondência e mutualidade no relacionamento entre homem e mulher. Embora a mulher tenha um papel predominante no Cântico,[2] não significa que o homem não seja participativo e relevante nessa relação amorosa. O poema nos mostra isso de maneira concisa e cortante. A mulher declara: "Sou um lírio dos vales" (Ct 2.1); o homem responde: "Como um lírio..." (v. 2), confirmando a unicidade de sua amada e repetindo o que ela acabou de dizer, mas adicionando um detalhe: "Como um lírio entre os espinhos, assim é minha querida entre as moças" (v. 2). Ele contrasta a vida e o prazer que ele recebe de sua parceira com as dores e os "espinhos" que ele associa

---

[2] A mulher começa e termina o Cântico. Ela tem voz em aproximadamente 53% do conteúdo, enquanto o homem se pronuncia em 34% do texto. Veja Athalya Brenner, *The Israelite Woman: Social Role and Literary Type in Biblical Narrative*, 2ª ed (Londres: Bloomsbury, 2015), p. 49-50.

às outras mulheres. Em seguida, temos um exemplo perfeito de paralelismo, pois o homem diz: "Assim é minha querida entre as moças", e a mulher responde: "Assim é meu amado entre os rapazes". A poesia em sua forma típica escancara em dois versos o que explicamos em muitas palavras em prosa. Esse é o poder e a função que essa forma textual exerce nas Escrituras. A mensagem não é só o conteúdo; a forma como as coisas são ditas importa. Em relacionamentos saudáveis, os sentimentos são compartilhados; se são unilaterais, configuram um relacionamento disfuncional ou até abusivo. Os amantes correspondem totalmente um ao anseio do outro! O Cântico nos traz à memória constantemente que o amor não existe sozinho.

Por que falei de um amor inútil no início do capítulo? O Cântico é a única parte da Bíblia em que o tema do amor entre um homem e uma mulher é desenvolvido sem tratar dos benefícios sociais e políticos de um casamento, ou sem abordar o tema dos filhos, importantíssimo nas Escrituras. Nenhuma menção é feita aos filhos que, em outras passagens da Bíblia, são tidos como o resultado mais importante do amor humano. O amor no Cântico não é um meio para um fim. Tudo o que se ganha com o amor é o deleite da intimidade em si. Aqui, lemos poemas que exaltam o amor na sua forma mais pura; por isso, é um amor inútil tanto nos padrões das culturas da Antiguidade quanto da nossa cultura. Em nossa sociedade, não temos tempo para aquilo que não nos traz algum benefício aparente. A maior parte das nossas relações é transacional, e não há mais espaço para simples amizades, para o amor, para jogar conversa fora com nossos pais, irmãos e amigos. Talvez seja por isso que, em muitas partes do Cântico, temos a impressão de que estamos em um sonho. As cenas não seguem uma ordem cronológica, mas apenas constituem uma celebração dos amantes. A presença desse livro na Bíblia se torna, portanto, essencial para não nos perdermos no utilitarismo em nossas relações.

O Cântico nos desperta para uma dimensão do ser humano explorada em profundidade pelo filósofo cristão James K. A. Smith. De acordo com ele, uma característica fundamental do ser humano é a impossibilidade de não amar.[3] Ser humano é estar em uma busca. E o que estamos buscando? O Cântico com certeza ensina que vale a pena buscar o verdadeiro amor nesta vida, mesmo que dê um pouco de trabalho. Em última instância, nossa busca por intimidade verdadeira na superficialidade deste mundo é uma busca por Deus.

DE VOLTA AO ÉDEN

No ambiente do jardim retratado nesse poema, temos a sensação de que realmente estamos voltando ao Éden, e não são apenas as flores e as plantas mencionadas que apontam para isso. Antes de tudo, o termo "amado" denota um relacionamento bem próximo entre os dois e mostra que são mais que amigos. Em hebraico, ela costuma chamá-lo de *dodi*, que significa "meu querido, meu amor",

---

[3] Ver James K. A. Smith, *Você é aquilo que ama: O poder espiritual do hábito* (São Paulo: Vida Nova, 2017).

e ele usa com mais frequência a palavra *ra'yati*, "minha amiga" (Ct 1.9); ela também usa o masculino desse termo, *rea'* (Ct 5.6), o que sublinha a mutualidade e a reciprocidade no relacionamento dos dois.

Em outro poema (Ct 4.8-9), o homem chama a mulher de "irmã" e de "noiva". Embora o homem chamar a amante de "irmã" (*ahot*) soe estranho aos nossos ouvidos, ele o faz para definir que tipo de relacionamento deseja ter com ela, isto é, para expressar o sentimento de extrema proximidade e de solidariedade entre os amantes.[4] A mulher é, como exclamou Adão, "osso dos meus ossos, carne da minha carne"; eles têm em comum os ossos, a carne e até o sangue (2Sm 19.12), não porque são parentes consanguíneos, mas porque seu relacionamento é real e próximo. Para nós, o outro termo, "noiva" (*kallah*), não causa estranhamento, mas é interessante contextualizar essa expressão no Antigo Testamento. Em Cântico dos Cânticos 4.8, a noiva é convidada pelo noivo a descer com ele do topo do monte Hermom, uma das mais altas montanhas da experiência cultural e

---

[4] Janet Carsten, "The Substance of Kinship and the Heat of the Hearth: Feeding, Personhood, and Relatedness among the Malays in Pulau Langkawi", *American* Ethnologist, vol. 22, n°. 2 (maio de 1995), p. 223-241, afirma a esse respeito: "Os irmãos mais velhos têm frequentemente relações afetuosas com as irmãs mais novas, o que tem um significado estrutural na medida em que fornece um modelo para a relação entre marido e mulher. Normativamente, um casal devia usar os termos 'irmão mais velho' e 'irmã mais nova' para se dirigir um ao outro (embora talvez os evitem na prática); esses termos captam o ideal de afeto, igualdade e respeito no qual o casamento deveria se basear".

religiosa do povo hebreu (Dt 3.25). O Líbano, o lugar de origem da noiva nesse poema,[5] era conhecido pelos seus cedros (2Rs 14.9), que o próprio Deus havia plantado (Sl 104.16). A madeira valiosíssima do cedro era usada no antigo Oriente Próximo para construir templos e palácios. O lugar de origem da noiva remete, portanto, a riquezas e opulência. "Noiva" é, também, a mulher prometida, com obrigação legal para com seu parceiro (Gn 38.24; Os 4.13-14). No Cântico, o termo nunca aparece acompanhado do pronome possessivo e ocorre mais vezes acompanhado de "irmã" (Ct 4.9-10,12; 5.1) do que sozinho (Ct 4.8; 4.11). Os assuntos contratuais e a realidade social do casamento não têm um papel relevante no Cântico, e podemos notar a ausência do pai, um dos interessados nesse acordo. Essa ausência ressalta ainda mais que o interesse dos amantes está mais em sua relação íntima, profunda e recíproca do que em convenções sociais de sua época.

Com essa contextualização, compreendemos melhor como o Cântico era contracultural em relação ao contexto do Antigo Testamento. Se o benefício do casamento não é o status social que a esposa adquire, e se a união não é mera transação entre pai e noivo, qual é seu real significado? O Cântico tira do trono aquilo que historiadores e feministas chamaram corretamente de "patriarcado". Sim, é um relacionamento exclusivo entre um homem e uma

---

[5] Quando o amado diz: "Venha do Líbano comigo", não significa que a noiva tenha nascido naquele lugar; antes, é uma metáfora para dizer o quanto a noiva é preciosa, como as riquezas do Líbano.

mulher, mas não é aquilo que, por séculos, aprisionou mulheres em circunstâncias que elas não desejavam. O que define a vida desse casal é a parceria e não os possíveis resultados desse relacionamento, que incluem a bênção de ter filhos. É também nesse sentido que chamo esse amor de "inútil". Um amor contracultural na sua época e hoje em dia. No Cântico o desejo físico não tem uma finalidade mais "pragmática" ou "procriadora";[6] o prazer de um amante no outro é um fim em si mesmo. Richard Hess explica:

> Uma das razões pelas quais os amantes não são claramente descritos como casados pode ser a preocupação de enfatizar a unidade da sua relação física como mais substancial e fundamental do que as palavras de uma cerimônia de casamento. Isso não significa negar a importância do casamento no contexto do amor físico. Antes, é uma afirmação do contrário: a base mais profunda para uma vida de compromisso no casamento surge da relação amorosa que o homem e a mulher têm um com o outro.[7]

Os amantes no jardim são aliados que não disputam poder um com outro, mas, sim, correspondem totalmente um ao desejo do outro. Nesse sentido, o Cântico apresenta um verso que aparece três vezes no livro. As duas primeiras são:

---

[6] Jacob L. Wright, *Why the Bible Began: An Alternative History of Scripture and Its Origins* (Cambridge: Cambridge University Press, 2023), p. 653-4.
[7] Richard S. Hess, *Song of Songs* (Grand Rapids: Baker Academic, 2005) p. 178.

> Meu amado é meu, e eu sou dele;
> ele pastoreia entre os lírios.
> Cântico dos Cânticos 2.16

> Eu sou de meu amado, e meu amado é meu;
> ele pastoreia entre os lírios.
> Cântico dos Cânticos 6.3

Essa reciprocidade fica explícita nos versículos acima: um amante não tem a posse do outro; há pertencimento mútuo. Ellen Davis traduz essa expressão de maneira literal: "Eu sou para o meu amor, o meu amor é para mim!", enfatizando como essa fórmula de reciprocidade implica o comprometimento de cada um dos amantes com o bem-estar do outro. A terceira ocorrência dessa expressão de mutualidade entre o homem e a mulher é extremamente interessante para nós aqui:

> Eu sou de meu amado,
> e ele me deseja.
> Cântico dos Cânticos 7.10

Em Gênesis 3, a desobediência humana afetou os relacionamentos entre os seres humanos, gerando culpa e disputa por poder. Como vimos na Introdução, no Cântico temos uma volta ao Éden também no que diz respeito aos relacionamentos humanos em geral e, em especial, entre homem e mulher. Em Cântico dos Cânticos 7.10, a mulher repete a fórmula já usada nos poemas do Cântico, mas muda o final, e essa mudança é muito significativa, pois expressa com todas as letras sua firme convicção: duas pessoas que decidiram se amar vivem em reciprocidade. Aqui, há uma clara conexão com Gênesis. Percebemos que a poetisa do Cântico tinha em mente o imaginário, o vocabulário e as temáticas relacionadas ao Éden durante a composição e compilação dos poemas. Na verdade, a palavra que em português é traduzida por "deseja" é extremamente rara no Antigo Testamento: ocorre somente em Gênesis 3.16 (nas consequências do pecado); 4.7 (na história de Caim e Abel); e aqui em Cântico dos Cânticos 7.10.

IMPLICAÇÕES DE "DESEJO" NO CÂNTICO

Para compreender o termo "desejo" (*teshuqah*) no Cântico, precisamos voltar a Gênesis 3. Na criação do mundo em Gênesis 1.1—2.3, os seres humanos são formados no sexto dia e recebem a missão importante de representar a imagem de Deus. Seu papel é se multiplicar em número e governar a terra. A descrição do homem e da mulher como representantes da imagem de Deus remete a uma linguagem de realeza, comum no antigo Oriente Próximo com a linguagem de realeza. Na Antiguidade, quando se construíam templos, a última coisa a ser colocada neles era a imagem da divindade daquele templo. Aquela imagem ou aquela estátua era uma representação da presença da divindade. Deus, ao criar o mundo, tem o cosmos como seu templo e nós, a imagem dele, somos seus representantes na terra. Isso denota as funções de governança que Deus deu aos homens e às mulheres no cosmos. As relações que os seres humanos têm entre si, com a terra e com as outras criaturas são boas. Em Gênesis 3, algo dá errado e os seres humanos perdem o contato com Deus e consigo mesmos. Como afirma o estudioso do Antigo Testamento Iain Provan, em busca da imortalidade, eles se agarraram a um conhecimento que ainda não deveriam ter (Gn 3.5), e assim o mal moral entra no mundo criado por Deus. Os seres humanos ficam, então, presos a suas lutas por poder e dominação: o homem tenta dominar a mulher, e a mulher deseja se sair melhor que o homem.[8]

Gênesis 3.15 fornece uma representação bastante imagética do conflito incessante que os seres humanos teriam com as forças do mal depois da rebelião. A inimizade entre a serpente e a mulher representa o impacto exercido pelo mal não somente sobre o primeiro casal, mas também sobre sua família e sua capacidade de se sustentarem por meio do cultivo do solo. O mal se multiplicará e desembocará no primeiro assassinato da Bíblia (Gn. 4). Analisemos por partes.

Em Gênesis 3.16, Deus explica quais serão as consequências da decisão tomada por Adão e Eva ao buscar outra fonte de conhecimento além do próprio Deus.[9] A partir

---

[8] Iain Provan, *Discovering Genesis: Content, Interpretation, Reception* (Grand Rapids: Eerdmans, 2016), cap. 6. Provan apresenta o início do mal no mundo como "a batalha bíblica de longo prazo entre os humanos e as forças do caos e das trevas que buscam destruí-los".

[9] O rabino Ari Lamm, apresentador de *Good Faith Effort*, podcast sobre a Bíblia e a sociedade, diz ao analisar a palavra *teshuqah*: "Essa é a tônica da história de Caim e Abel. Como vivemos em um mundo de '*teshukah*' (desejos)? De dependência e poder? Caim tentaria dominar seu irmão,

desse versículo, entendemos que o homem irá se relacionar com a mulher como se ela fosse parte da criação que eles anteriormente deveriam governar juntos, ou seja, em vez de serem corregentes da criação, a mulher estará em uma posição inferior e o homem a dominará da mesma forma que dominará o restante da criação, como se a mulher fosse mais um dos animais. A primeira parte do versículo 16 descreve para nós que as dores da mulher serão maiores a partir daquele momento. Que dores são essas? Tradicionalmente, considera-se que sejam dores de parto,[10] mas também é possível entendê-las como dores ligadas às circunstâncias difíceis em que a mulher terá de dar à luz daquele momento

que ele acreditava que o houvesse superado, e assim por diante? Ou ele poderia, em vez disso, tentar reparar o pecado de Adão e Eva ao dominar a si mesmo?". @AriLamm, *X*, 16 de junho de 2023, <https://x.com/AriLamm/status/1669691299942006784>.

[10] É interessante a esse respeito a explicação de John H. Walton, *Genesis*, The NIV Application Commentary (Grand Rapids: Zondervan, 2001), sobre Gênesis 3.15-16. Segundo Walton, a "dor" de Gênesis 3.16 pode ser traduzida por "ansiedade" que será aumentada tanto porque, no mundo antigo, a capacidade da mulher de ser fértil era algo que definia cada dia de sua vida e também seu valor perante a sociedade, quanto porque o sexo era algo perigoso para as mulheres, e o parto colocava sua vida em risco, pois a mortalidade da mãe e da criança eram extremamente altas. Para Walton, o "domínio" não denota necessariamente opressão, até porque, levando em consideração a ocorrência em Gênesis 4.7, Caim deve exercer domínio sobre o desejo do pecado. Independentemente da interpretação da palavra "domínio" que aqui se escolha, vale ressaltar e é de suma importância para o nosso entendimento de Cântico dos Cânticos 7.10 que, no Cântico, não existe a dimensão de domínio, mas somente de desejo.

em diante.[11] Como a ARC traduz: "Multiplicarei grandemente a tua dor e a tua conceição" (Gn 3.16a).

Agora, Eva está presa com Adão em uma luta por poder; sua experiência de família será no contexto de dor. Segundo Provan, ainda, essa mesma realidade de disfunção conjugal pode também explicar a referência ao aumento no número de suas concepções. É possível que aqui esteja presente a ideia de que o sexo se tornará desassociado do domínio sensato e responsável do mundo, o que deveria envolver, entre outras coisas, um comprometimento com o bem-estar de todos os seres humanos (o que incluía todas as mulheres). Além do mais, no mundo antigo (mas não apenas nele), público-alvo do livro de Gênesis, a concepção, a gravidez e o parto eram momentos extremamente delicados na vida de uma mulher. Tudo o que envolve a maternidade e a sexualidade das mulheres se tornará bastante fragilizado após a queda, pois as dores da mulher aumentarão.

Também é verdade que nesse trecho de Gênesis 3 Deus está explicando o que acontecerá com a humanidade como um todo após a rebelião. Assim como ele fala para o homem que ele trabalhará com suor e dor, fala para a mulher que a dor também permeará sua vida. E, como lembra Ellen Davis, a desigualdade de poder entre homem e mulher tem sido um problema em quase todas as sociedades desde os tempos bíblicos até o dia de hoje.[12] A Bíblia, em seu caráter especialmente realista, não

---

[11] Seguimos a interpretação de Provan, *Discovering Genesis*, cap. 6.
[12] Davis, *Proverbs, Ecclesiastes, and the Song of Songs*, p. 294.

esconde esse fato de nós, leitores. A relação humana com o restante da criação, portanto, é inevitavelmente caracterizada como uma incansável batalha. O mal envolveu todas as relações do Éden: entre ser humano e terra, entre homem e mulher, entre ser humano e Deus. E o mal simplesmente torna a luta mais intensa.

Uma derivação dessas consequências da escolha do homem e da mulher de desobedecer a Deus assumirá a forma de relações desiguais e, diante da vulnerabilidade sexual das mulheres, de abusos e violência contra elas. Como diz Viktoria Zalewski: "A própria Bíblia não esconde essa realidade de pecado e violência. Nela encontramos mulheres violentadas como Diná e Tamar".[13] Em minha compreensão, não está engendrada em Gênesis uma desigualdade fundamental entre homem e mulher, mas, sim, o início das inimizades da humanidade consigo mesma e as consequências de sua desconexão com Deus. Diante de Gênesis 3.15, segundo o qual o desejo da mulher será para o homem, prefiro não enfatizar o tema do gênero feminino e do gênero masculino, como se o versículo estivesse falando de uma diferença primordial entre homem e mulher quanto a seu relacionamento. Minha escolha se deve ao fato de que a palavra para "desejo" ocorre em outro contexto sem nenhuma implicação sexual ou de relacionamentos amorosos, a saber, no primeiro assassinato das Escrituras.

---

[13] Viktorya Zalewski, *Mulher pode ser pastora?* (Rio de Janeiro: Thomas Nelson Brasil, 2023), p. 21.

No relato de Caim e Abel, em que é apresentado o primeiro fratricídio da Bíblia (Gn 4.1-16),[14] o sujeito que deseja e o objeto do desejo são completamente diferentes de Gênesis 3.16. Enquanto em Gênesis 3.16 quem deseja é a mulher e o objeto do desejo é o homem, em Gênesis 4.7 o pecado (entendido como poderosa força do mal) deseja controlar Caim, que é advertido a dominar o pecado.[15]

As poucas ocorrências de *teshuqah* não nos impedem de fazer algumas inferências e de chegar a algumas conclusões. Primeiro, o poeta ou os poetas do Cântico estavam meditando profundamente em Gênesis quando compuseram essa e outras passagens do livro. Segundo, há um motivo específico para que o desejo por uma relação mútua, e não desigual, esteja sempre nos lábios da mulher, e talvez seja porque os anseios da mulher do Cântico representem os anseios de muitas mulheres mundo afora, como a poetisa brasileira Carolina Maria de Jesus expressa nos poemas no início do capítulo. Carolina Maria de Jesus deseja ter um amor correspondido. Separadas por milênios, duas mulheres se encontram no mesmo desejo. E, por fim, é nesse mundo antigo extremamente perigoso

---

[14] Richard S. Hess, "Equality with and without Innocence: Genesis 1–3", in: Ronald W. Pierce, Gordon D. Fee e Rebecca Merrill Groothuis (orgs.), *Discovering Biblical Equality: Complementarity without Hierarchy*, 2ª. ed. (Downers Grove: InterVarsity Press, 2005), p. 90-93.

[15] Conforme Davis, *Proverbs, Ecclesiastes, and the Song of Songs*, p. 295, "pecado" não é apenas uma palavra bonita para designar a fraqueza humana; é um poder real, uma força espiritual em ação neste mundo pós-edênico.

para a mulher na esfera sexual que a interlocutora do Cântico diz: "Ele me deseja". Que afirmação! Que ousadia!

Em vários momentos, essa mulher misteriosa do Cântico desperta nossa admiração e surpresa. O Cântico é um escândalo desde o dia em que foi criado até hoje. Em uma só linha, o Cântico retifica a situação da mulher como alguém necessitada diante do homem, pois a mulher diz: "Ele me deseja". A mulher já desejava o homem, como fica evidente desde Gênesis. Agora, porém, da mesma forma que o anseio e a paixão dela são direcionados a ele, a paixão e o anseio dele são direcionados a ela. A mulher que em Gênesis 3.1-6 toma a iniciativa e introduz a alienação no relacionamento com seu homem se torna, em Cântico dos Cânticos, a mulher que, ao tomar a iniciativa, atrai o homem para a intimidade. Logo, é restaurada a igualdade fraterna que constituía o plano inicial de Deus para as nossas relações. Eruditos literatos do Antigo Testamento asseveram:

> À luz deste texto, evidentemente, Cântico dos Cânticos 7.11 [7.10 em port.] parece quase uma inversão deliberada de Gênesis 3.16, virando-o de cabeça para baixo ao tornar a mulher o objeto de desejo. E, em vez do domínio do homem sobre a mulher, o presente versículo fala de uma relação de mutualidade, expressada em uma fórmula de amor recíproco como a de 2.16 e de 6.3. No Cântico, o sexo está livre de ideias de controle, domínio, hierarquia.[16]

---

[16] Ariel A. Bloch e Chana Bloch, *The Song of Songs: A New Translation with an Introduction and Commentary* (Berkeley: University of California Press, 1998), p. 207.

A declaração da mulher restaura a posição dela diante do seu amor; com uma só frase, ela volta a um momento anterior à saída do Éden, quando o homem e a mulher viviam sem disputas de poder e, mesmo que por um instante, o Cântico também nos faz regressar ao Éden. A mulher é livre para dar o seu amor sem temor e sem ansiedades.

O diálogo entre os amantes nos convida a entrar em uma dança. Estamos diante de uma imaginação dialógica em que os dois amantes revelam para nós como interagem entre si e com a natureza ao seu redor. O poema nos mostra, muito mais do que nos conta, como um casal pode prosperar em colaboração e em mutualidade.

Aqui, podemos responder a uma pergunta feita na Introdução: Por que uma coleção de poemas sobre amor erótico seria incluída em um *corpus* de literatura nacional para a comunidade judaica como o Antigo Testamento? Quando se trata de desejo de viver em comunidade, o comprometimento com o nosso próximo mais imediato é fundamental. Como diz o professor de Bíblia hebraica Jacob Wright, se o povo não tem espaços de engajamento individual, ele fica privado dos laços que o mantêm unido nos piores e nos melhores momentos.[17]

O amor aqui é apaixonado e terno. Não consome; inspira. Faz o mundo humano florescer. O Cântico não adora o deus-amor, como uma espécie de ascetismo que retira os amantes do seu mundo. Tampouco celebra a libertinagem que frequentemente acompanha as mais

---

[17] Jacob L. Wright, *Why the Bible Began: An Alternative History of Scripture and its Origins* (Cambridge: Cambridge University Press, 2023).

loucas histórias de amor. O Cântico combina ternura com sensualidade e faz a sintonia entre os amantes ecoar por toda a sociedade e toda a natureza, como veremos no próximo capítulo.

4

A beleza do amor: o corpo é coisa séria

> A poesia bíblica resiste firmemente à tendência comum entre nós de isolar o físico do espiritual e, ainda mais, de isolar o corpo humano do resto da ordem da criação.
>
> Ellen Davis[1]

O homem e a mulher se dedicam exclusivamente um ao outro, amam um ao outro de maneira avassaladora, correspondem ao desejo um do outro, mas não estão encapsulados em um mundo fechado ao seu ambiente externo. O amor deles existe em uma forte relação com a terra. As paisagens de Cântico dos Cânticos são descritas com tanto detalhe que precisamos lhes dar atenção. Os amantes, apesar de serem tomados por uma paixão admirável, não abusam nem do próprio corpo nem do corpo do outro. Podemos conectar essa relação não abusiva com a relação entre o ser humano e a natureza. Essa é mais uma das ligações que podemos fazer entre o Cântico e o Éden.

---

[1] Ellen F. Davis, *Scripture, Culture, and Agriculture: An Agrarian Reading of the Bible* (Cambridge: Cambridge University Press, 2008), p. 169.

HINO À NATUREZA[2]

Nasci na cidade de São Paulo, mas nossa família se mudou de país quando eu tinha 5 anos. Na Itália, moramos tempo considerável em uma cidade próxima do litoral. Cresci na praia e passava um bocado de tempo junto ao mar. Apesar do frio durante a maior parte do ano, a praia fazia parte da nossa vida de uma forma que eu nem percebia. O verão era pura festa; a cidade revivia, as pessoas vinham de Roma e das cidades vizinhas para aproveitar o tempo quente e o sol. Para quem, como eu, morava a quinze minutos de carro do mar, a praia não era grande coisa. Muito da minha vida, porém, girava em torno dela. Na Itália, íamos caminhar à beira do mar no frio, com temperaturas abaixo de zero, para ver a grande extensão de areia vazia e limpa e, no caso de meus irmãos e amigos mais ousados, para se molhar na água gelada. Cerveteri, onde morávamos, era uma pequena cidade de pouco mais de trinta mil habitantes. Na primavera, fazíamos piqueniques no bosque. Chamávamos de *barbecue* o churrasco (meio sem graça, admito, em comparação com nosso churrasco brasileiro) que preparávamos com os nossos amigos nas reservas de pinheiros. A cada estação, realizávamos alguma atividade relacionada ao ambiente ao nosso redor. Eu não percebia, mas esse ambiente constituía parte importante de quem eu era.

Dei-me conta disso quando, aos 18 anos, voltei para São Paulo. Mesmo na capital paulista, obviamente aproveitava

---

[2] Muito do que escrevo na presente seção se deve à obra de Elaine T. James, *Landscapes of the Song of Songs: Poetry and Place* (Nova York: Oxford University Press, 2017).

com os amigos as trilhas do interior e ficava admirada com a natureza ao redor da cidade, mas sentia a diferença enorme que há entre morar em uma cidade pequena no meio da natureza e morar na maior cidade da América Latina e ter a vida influenciada por ela. Quem vive mudanças parecidas também sente o impacto que o ambiente exerce sobre nós. No entanto, só percebi a importância da natureza para mim por meio de sua ausência. Até então, ela era parte tão inerente de minha vida cotidiana que eu não lhe dava o devido valor.

No Cântico, os amantes têm consciência muito forte de que estão vivendo o amor em um lugar específico. Descrevem um ao outro com inúmeras referências geográficas que remetem a toda a terra de Israel de norte a sul, do oeste ao Jordão. Tanto sua identidade como casal quanto sua visão um do outro são informadas por seu lugar e por tudo o que nele há. Vejamos em mais detalhe como o Cântico apresenta as paisagens ao redor dos amantes.

Desde o início do Cântico, as paisagens mudam com frequência: passamos dos aposentos do rei (Ct 1.4) ao deserto das tendas de Quedar (v. 5), a uma vinha (v. 6) e um pasto com ovelhas (v. 8). O ponto de vista da poetisa não é fixo, mas abrange uma porção de cenários que, embora muito variados, giram em torno de uma produtiva agricultura de pequena escala. Há incontáveis metáforas da natureza ao longo do Cântico, mas, uma vez que não é nosso objetivo explicar o livro versículo por versículo, concentraremos nossa atenção em Cântico dos Cânticos 2.8-17.

Esse poema apresenta uma descrição topográfica do antigo Israel marcada por diversidade: vemos suas colinas e seus montes (Ct 2.8,17), a arquitetura de uma casa de família (v. 9), as plantações florescendo na primavera (v. 10-13) e os pastores com seus rebanhos nos campos (v. 16). O jovem delineia claramente a estação: é o início da primavera, pois as chuvas passaram, as flores estão brotando e as pombas, arrulhando. A vida humana, aqui representada pela agricultura e pelo pastoreio, acompanha a estação.

Amada
Ah, ouço meu amado chegando!
    Ele salta sobre os montes,
    pula sobre as colinas.
Meu amado é como a gazela,
    como o jovem cervo.
Vejam, lá está ele atrás do muro,
    observando pelas janelas,
    espiando por entre as grades.
Meu amado me disse:
    "Levante-se, minha querida!
    Venha comigo, minha bela!
Veja, o inverno acabou,
    e as chuvas passaram.
As flores estão brotando;
    chegou a época das canções,
    e o arrulhar das pombas enche o ar.
As figueiras começam a dar frutos,
    e as videiras perfumadas florescem.
Levante-se, minha querida!
    Venha comigo, minha bela!".

Cântico dos Cânticos 2.8-13

A "época das canções", que coincide com as colheitas, chegou. Todos os sentidos são mobilizados: ouvimos, vemos e sentimos a chuva, vemos e cheiramos as flores, ouvimos os pássaros e sentimos o cheiro das frutas para depois comê-las. O homem não está em um paraíso atemporal; está em um lugar real e em uma estação específica. Em lugar de "canções", no versículo 12, alguns tradutores propõem "poda" (em nota na NVI). O poeta está claramente brincando com a coincidência das palavras em hebraico, e a poesia permite que a beleza do que está acontecendo na natureza e a beleza das canções da estação se misturem com a alegria representada nos campos e nas árvores frutíferas. Junto com "a estação das canções", há uma sobreposição de vozes nesse poema que ressalta os sons dos amantes e da natureza. A mulher é quem fala nesse momento (v. 8) e ela ouve o amado chegar. O som é da voz dele ou é do galopar de uma gazela e de um jovem cervo? Não temos uma resposta unívoca, pois, logo após comparar o amado a uma gazela, a mulher relata o que o amado lhe disse (v. 10).

Tem início, então, uma fala do homem que, por sua vez, menciona o "arrulhar das pombas". "Ouço meu amado" (v. 8) e o "arrulhar das pombas" (v. 12), trazem exatamente a mesma palavra, *qol*, em hebraico. Portanto, uma tradução literal seria "o som do meu amado" e "o som das pombas". Nesses poucos versos, as vozes dos amantes se misturam com os sons da natureza: temos o som da pomba na fala do amado, que, por sua vez, faz parte da fala da amada. Essa passagem traz uma ilusão especular gerada pelas palavras do poema, uma imagem dentro da imagem dentro da imagem, criando para nós um efeito de repetição quase infinita dos sons que a primavera traz. É festa! E como melhor representar um tempo de festa do que com poesia? Esse é um dos motivos pelos quais ressaltamos logo no início a importância de prestar atenção aos gêneros literários presentes na Bíblia. Quando temos essa consciência, a simples forma que o texto foi disposto comunica uma mensagem muito mais profunda e nuançada.

É proposital e consciente a confusão das fronteiras entre os seres humanos e a natureza, entre os amantes e a paisagem, e ela nos faz indagar onde terminam as pessoas e onde começa a terra. O homem é imaginado como uma gazela, e as possiblidades interpretativas apontam para uma dinâmica que a poesia insiste em explorar: É o som de algo ou uma voz? É humano ou animal?

O poema nos incita a observar a natureza. Para apreciar a poesia, temos de gastar tempo com ela. Cada vez que a lemos, entendemos aspectos diferentes e as mensagens distintas que ela quer nos comunicar. É um dos privilégios da poesia lírica levar os leitores à reflexão sobre o seu próprio lugar e a sua experiência. Por que "lírica"? Esse tipo de poesia costuma ser um poema curto e não narrativo caracterizado pelo trabalho fino da palavra: som, ritmo, estrutura, figuras de linguagem. Sua resistência à narrativa, ou seja, a contar uma história, mantém a experiência do leitor no presente. Sua falta de representação de eventos e acontecimentos permite que a voz e o destinatário do poema sejam proeminentes.

Na poesia lírica do Antigo Testamento, percebemos que há uma ênfase nas emoções e na interioridade da voz falante. Os elementos externos e da natureza evocados nesse tipo de poesia revelam uma realidade interna do interlocutor, como observa Tod Linafelt: "A poesia lírica tende a direcionar sua atenção para dentro e não para fora. [...] Suas ferramentas são as ferramentas do jogo linguístico, isto é, de estrutura, sintaxe, metáfora, ambiguidade produtiva, etc".[3] Isso não significa que não haja trechos narrativos no Cântico. Dois exemplos são a explicação da mulher daquilo que os irmãos fizeram com ela (Ct 1.6) e as cenas dos guardas à noite (Ct 3; 5). Predominam no Cântico, porém, as descrições e reflexões poéticas acerca da natureza e dos amados. Somos levados a investigar o motivo disso. Por que tanta descrição? Por que tantos detalhes? Que sentido há em descobrir todas essas figuras de linguagem e jogos de palavras na poesia bíblica?

A estudiosa e professora de Antigo Testamento Elaine James observa que há um contraste gritante entre a narrativa bíblica e a poesia bíblica. Raramente as narrativas descrevem em detalhes paisagens, seus elementos ou experiências. Uma possível exceção é Êxodo (p. ex., 14.21-29), que descreve em prosa uma série de eventos que afligem a terra.[4] Vejamos, então, quais são os possíveis

---

[3] Tod Linafelt, "The Arithmetic of Eros", *Interpretation: A Journal of Bible and Theology* 59, nº 3 (julho de 2005), p. 251, <https://doi.org/10.1177/002 096430505900303>.

[4] James, *Landscapes of the Song of Songs*, p. 10-2.

desdobramentos da importância da beleza e da harmonia com a natureza no Cântico.

BELEZA IMPORTA

A história da criação em Gênesis 1—2 é a história do surgimento da beleza. Deus fala e as coisas são criadas, e tudo o que ele faz é "bom" (Gn 1.4,10,12,18,21,25,31). Entre os autores do Antigo Testamento não há pudor ou falsa modéstia em chamar a atenção para a beleza humana (Gn 12.11-14; 1Sm 25.3). O hino à natureza que encontramos no segundo capítulo do Cântico se insere, portanto, nesse contexto maior que comporta a maneira típica do Antigo Testamento de reconhecer e exaltar a beleza.

Iain Provan, estudioso do Antigo Testamento, observa que se tornou comum entre os cristãos ao longo dos séculos ser hostis à beleza ou diminuir, de alguma forma, sua importância. Segundo ele, esse desconforto com a beleza é frequentemente ligado a uma teologia que se concentra de maneira desequilibrada no que tem de errado no mundo e nos seres humanos, à custa do que é bom e correto. Esse tipo de teologia acaba sendo associado a uma baixa autoestima. De maneira muito criativa, Provan chama essa abordagem de "teologia do verme", remetendo ao salmista que, por se sentir desumanizado pelo sofrimento e pela opressão, lamenta ser como um verme (Sl 22.2). O salmista continua sendo uma criatura preciosa feita à imagem de Deus, mas, naquele momento, sente-se como um verme. "A teologia do verme não é verdadeiramente uma teologia cristã", diz Provan, pois nega a verdade de que o cosmos é bom, mesmo que tenha sido afetado pelo pecado.[5] Os seres humanos são cheios de dignidade e glória que o próprio Deus lhes deu, mesmo que tenham sido igualmente afetados pelo pecado. No próximo capítulo, trataremos desse aspecto, também presente no Cântico, da oposição e do pecado. Não falamos disso até agora porque a atmosfera que predomina no Cântico é de beleza, de celebração e de paz. Na presente análise, o objetivo é dar ênfase ao que o texto em si enfatiza, e não exagerar naquilo que o próprio texto não destaca.

Por fim, há uma verdade ainda mais maravilhosa: tudo o que foi criado (seres humanos, terra e animais) foi redimido em Cristo. Provan conclui: "Não somos convocados a nos odiar e a desprezar o resto da criação como se essas atitudes de alguma forma honrassem o Criador. Somos convocados a nos entender como criaturas preciosas e amadas por Deus e, portanto, a amar a nós mesmos e ao restante da criação (mesmo que lamentemos os aspectos da realidade que estragam e corrompem o que é bom)".[6]

A beleza importa, e os limites quase indistintos entre os amantes e a natureza apontam para a afirmação e a glorificação do que é bom. Não sem razão, os leitores com preocupações ecológicas começaram a recorrer ao Cântico em busca de uma fonte de recursos éticos para pensar e responder à crise ambiental contemporânea. E esse é o

---

[5] Iain Provan, *Ecclesiastes, Song of Songs: From Biblical Text to Contemporary Life* (Grand Rapids: Zondervan, 2015), p. 291.
[6] Ibid.

segundo aspecto fundamental para o qual o hino à natureza do Cântico nos direciona.

ORIENTAÇÕES ÉTICAS SOBRE A TERRA E O CORPO

A poesia lírica é um processo intelectual, uma forma refinada de trabalhar a palavra que envolve o público em uma reflexão demorada sobre aspectos específicos da existência humana. No Cântico, ela assume, por vezes, a forma de orientações éticas sobre a terra. Essa poesia pode nos fazer refletir sobre como nós mesmos experienciamos os nossos lugares, o que nos cerca. O homem convida a mulher a ir para as vinhas que estão florescendo e espalhando seus aromas ao seu redor. E, logo em seguida, lemos a resposta a esse convite:

> Apanhem para nós as raposas,
>   essas pequenas raposas
> que estragam as vinhas,
>   nossas vinhas em flor.
>
> Cântico dos Cânticos 2.15 (NVI)

O que representam as raposas? Elas são ambivalentes: são "pequenas", o que atenua a sensação de ameaça. Contudo, ainda constituem um perigo, pois, no Antigo Testamento, o verbo traduzido aqui por "estragar" nunca é usado para ações benignas. Além disso, nos textos bíblicos, as raposas são agentes convencionais de destruição (Jz 16.4; Ez 13.4; Sl 63.11; Lm 5.18; Ne 3.35). São onívoros oportunistas que caçam gazelas e pássaros que se alimentam do que cresce no solo, como as pombas e, portanto, representam uma ameaça para os amantes que, neste poema, são imaginados como pombas e gazelas.

Ao mesmo tempo, vemos aqui uma indicação de potencial ético (Ct 2.15): as vinhas são "nossas". Como observa Elaine James, o pronome "nosso" sinaliza que as paisagens não são cenários neutros; pelo contrário, são lugares que pertencem a alguém e são cuidados por alguém.[7] São paisagens delimitadas e perceptíveis que fornecem um lugar para as constantes tarefas da vida cotidiana, são os padrões de trabalho e relacionamento que persistem na topografia do que é conhecido. Nossa terra é o lugar onde os amantes partilham uma experiência de pertencimento e encontro um com o outro, com a terra e com a própria presença divina. A terra, esse espaço "nosso", é lugar de encontro, de aproximação, de conectividade.[8] Nosso encontro com outros e com Deus se dá em um lugar específico capaz de proporcionar essa interação quando discernimos nossa relação de reciprocidade e mutualidade com a própria terra. No interlúdio das "raposas", esse sentimento de pertencimento vem acompanhado de uma percepção de exigência e até mesmo de fidelidade em trabalhar na terra. A terra só é capaz de proporcionar encontros entre nós e nossos amados, o que inclui Deus, quando cuidamos dela e a tratamos como nossa.

---

[7] James, *Landscapes of the Song of Songs*, p. 23.
[8] Agradeço ao Caio Peres por fornecer esses insights em leitura do meu texto e em diversas conversas.

Contudo, em um momento, tão rapidamente quanto chegaram, as raposas desaparecem. De modo semelhante, os amantes aparecem e desaparecem um para o outro: ela é uma pomba escondida nas fendas da rocha, ele é uma gazela disparando pelas colinas. A paisagem do Cântico constitui, dessa forma, uma colcha de retalhos de aparecimento e desaparecimento; envolve os amantes e também está sujeita aos seus cuidados. Em última análise, o Cântico dos Cânticos imagina os amantes e a terra como paisagens moldadas pelo desejo e sujeitas a condições que exigem uma ética de cuidado mútuo contínuo, nutrição recíproca e cooperação entre os amantes e com a terra.

Por fim, essa relação de cuidado da terra está diretamente ligada ao cuidado do corpo e à sua não exploração do ponto de vista sexual. Como observamos anteriormente, as vinhas também são associadas ao corpo da mulher, e esse corpo recebe cuidados e é protegido de ameaças (as "raposinhas") para que a mulher tenha uma vida de florescimento. O Cântico investiga essa analogia misteriosa, bem como a conexão entre as ordens da criação e da cultura, entre uma relação sexual não exploradora e o florescimento da terra.

Em Cântico dos Cânticos 2.14, o homem convida a mulher a se mostrar, a sair para ir ao encontro dele, e a resposta do versículo 15, que dá ênfase às raposas, tem um significado interessante para nós aqui. As mulheres de Jerusalém o lembram de que o mundo exterior é um lugar perigoso para as mulheres, daí o pedido para que as raposas sejam retiradas "para nós", mulheres. Apesar dos cenários de amor e de celebração, esse é um mundo em que há "raposas" determinadas a arruinar "vinhas".

O homem faz um claro convite ao encontro, e é um convite sensual e sexual para a sua mulher; contudo, há também aqueles que ameaçam a possibilidade de que esse encontro ocorra em segurança. As raposas podem ser outros homens com intenção sexual em relação à mulher ou às mulheres de Jerusalém. Como assevera Iain Provan: "Se o amante da mulher e seus amigos realmente desejam que as mulheres saiam para o campo, então, eles são convidados primeiro a garantir sua segurança",[9] pois, em hebraico, o verbo "apanhem" é um imperativo plural masculino. Sabemos que a mulher não demonstra nenhuma verdadeira relutância em encontrar seu amante em 2.3-6. E, quando o capítulo termina, ela está mais uma vez em seus braços (v. 16-17).

Os dois se entregam inteiramente um ao outro e se deitam juntos, a salvo de todas as "raposas". Força e proteção, além do amor apaixonado, são importantes para o Cântico. O amor é, em si, uma força poderosa e perigosa que deve ser tratada com respeito. O Cântico nos mostra, portanto, como há celebração e alegria no amor, mas também há forças, como as raposas, que ameaçam o relacionamento dos amantes. O rei, uma das ameaças implícitas ao relacionamento deles, não é mencionado aqui, mas aparecerá no próximo capítulo. Os irmãos da mulher também representam oposição a ela. Enfim, em poucas

---

[9] Provan, *Eclesiastes, Song of Songs*, p. 288.

palavras, o Cântico nos adverte: Cuidado! Há forças que lutam contra o amor neste mundo!

A beleza da criação e a beleza do corpo humano e da sexualidade são exaltadas nesse hino à natureza que constitui o segundo capítulo de Cântico dos Cânticos. Os amantes se identificam com essa criação mais ampla, fundindo-se a ela enquanto afirmam um ao outro com imagens tiradas da flora e da fauna que veem ao seu redor, competindo entre si para encontrar maneiras de exaltar a beleza um do outro. Ele é para ela uma macieira, forte e doce, e uma gazela jovem e atlética. Ela é para ele uma flor adorável e uma pomba linda. Há muita alegria nessa celebração!

A beleza é algo tão importante nas Escrituras que pede nossa atenção. No entanto, seguindo a advertência de Provérbios, ela não precisa nos cegar:

> Não cobice sua beleza;
> não deixe que seus olhares o seduzam.
>
> Pois a prostituta o levará à pobreza,
> mas dormir com a esposa de outro homem lhe custará a vida.
>
> Provérbios 6.25-26

O contexto maior das Escrituras nos ajuda a colocar a beleza em seu devido lugar. Alguém pode ser muito bonito, mas carecer de importantes qualidades de caráter. E talvez alguns negligenciem essas qualidades interiores pelo simples fato de serem considerados aceitáveis pela sociedade atual em razão de sua beleza.

Como lembra Iain Provan,[10] a beleza não deve ser comparada em valor à piedade (Pv 31.30; 1Pe 3.1-6), e não é mais importante do que os muitos outros atributos ou dons que compõem a pessoa humana (Pv 31.10-31). Aprendemos com o Cântico a não menosprezar a beleza, a não trivializá-la, mas também a não divinizá-la, pois, mesmo em meio a uma grande celebração do amor e da natureza, há alertas para o cuidado (com "as raposas" em Ct 2.15 e com o amor despertado em um contexto inadequado em 2.7).

No fim das contas, o amor é tão bom que é preciso ter cuidado para desfrutar dele. Antes do início do que chamamos de hino à natureza, a mulher alerta:

> Prometam, ó mulheres de Jerusalém,
>   pelas gazelas e corças selvagens,
>   que não despertarão o amor antes do tempo.
>
> Cântico dos Cânticos 2.7

É importante não despertar o amor antes do tempo, não porque o amor seja algo perigoso em si, mas porque precisa do contexto correto para acontecer. Embora a beleza seja maravilhosa, não é um deus e não podemos permitir que se torne um ídolo. No contexto do antigo Oriente Próximo, o Antigo Testamento se destaca precisamente em sua insistência de que as coisas humanas, embora reflitam a divindade, não são verdadeiramente divinas. Os autores bíblicos estão profundamente cientes

---

[10] Ibid., p. 292.

de que, quando as coisas criadas se tornam objetos de adoração, causam grande dano. Por isso, esses alertas são fundamentais em meio a imensa alegria e celebração.

Na era do Instagram e de outras redes sociais, não nos surpreende que a beleza tenha se tornado um grande deus ao qual apresentamos nossas oferendas horas a fio ao longo do dia, rolando o feed de casas lindas, paisagens deslumbrantes, lifestyles admiráveis e mulheres e homens bonitos. Se a beleza é recebida como um presente de Deus e colocada no contexto de tudo o que é bom na criação de Deus, ela aprimora nossa vida e se torna um indício de Deus. Se, contudo, a beleza é a finalidade de cada postagem, de cada conversa e de cada curtida e comentário, estamos reduzindo a pessoalidade de outros àquele flash de vida que nosso influenciador preferido acabou de postar. As redes sociais reduzem nossos perfis às fotos e vídeos que postamos, e precisamos prestar atenção para como isso tem moldado nossa maneira de enxergar o outro.

Que o nosso próximo não esteja a uma curtida de distância, mas, sim, a uma conversa real, a uma troca de corações, de distância. Que não nos limitemos à fachada que vemos diante de nós, pois quando o amor for desfrutado em carne e osso com intimidade verdadeira e comprometimento com o próximo, teremos motivos de falar para todos ao nosso redor: o tempo de cantar chegou!

O cuidado com a terra e a celebração da vida trazem à lembrança o Credo de Vida que, por vezes, declaramos em minha igreja local, a Igreja Evangélica de Confissão Luterana no Brasil (IECLB) de Ferraz de Vasconcelos.

Quando celebramos tudo o que tem a ver com a vida, quando admiramos e respeitamos a beleza da criação e colocamos tudo no seu devido lugar, acredito que temos algo parecido com isto:

> Creio em Deus, fonte de toda vida que existe no céu e na terra.
> Creio em Jesus Cristo, encarnação do amor do Pai que habita entre nós como plenitude de vida.
> Creio no Espírito Santo, vida do Pai e do Filho, divinizando a vida humana.
> Creio na Igreja, comunidade de vida, onde em comunhão nasce a libertação de tudo o que é anti-vida.
> Creio no ser humano "imagem e semelhança" de Deus, que recebeu vida como um dom gratuito e é chamado a transmiti-la e partilhá-la no amor com os seus semelhantes.
> Creio que o sofrimento em si mesmo é um mal e que adquire um sentido de redenção a partir da paixão, morte e ressurreição de Jesus Cristo.
> Creio nos profissionais da vida, instrumentos humanos de cura, chamados a participar na obra da criação, servindo com amor e competência, nas pegadas do Bom Samaritano.
> Creio na vida humana dignificada, elevada e sacralizada pelo Verbo que se fez carne.
> Creio na vida, mesmo que tecida de mil mortes que propiciam mil ressurreições, porque é vocacionada a desabrochar vitoriosamente em Deus.

Creio na vida eterna, plenitude e coração de todo peregrinar terrestre, onde estar com Deus é viver e ser plenamente feliz. Amém.[11]

---

[11] Credo elaborado pelos ministros Leocir Pessini e José C. Romano, capelães do Hospital das Clínicas da USP.

~ 5 ~

Amor e dor

Como vimos, Cântico dos Cânticos remete ao Éden de várias maneiras, mas, uma vez que a humanidade foi expulsa desse jardim por causa de sua rebelião, o livro não deixa de retratar as mazelas que o amor traz consigo. Ainda que apresente o amor como caminho de volta para o Éden, o Cântico não mente para nós: o amor dói e implica vulnerabilidade; não há como amar e não se colocar na posição de ser ferido. Todos os amores são quebrados. Essas reflexões me lembram do emoji "💔", que usamos para expressar que ficamos chateados com alguma coisa, ou para simbolizar algo que chegou ao fim contra a nossa vontade. Em última análise, uma vez que nenhum amor é perfeito, podemos dizer que todos os amores são 💔.

Quando você se volta para outra pessoa, entra em um campo que pode lhe acarretar sofrimento e perdas. De que forma o Cântico mostra isso? Se você, como eu, já leu esse livro de uma vez só, pode não ter entendido por que os amantes se desencontram. Qual é o problema deles? Quando um resolve encontrar o outro, o outro desaparece. Por que a demora? Todo mundo que viveu uma história de amor, mesmo que seja em uma amizade, também viveu uma decepção. O amor dói 💔.

A Amada
Certa noite, na cama, ansiei por meu amado;
   ansiei por ele, mas ele não veio.
Pensei: "Vou me levantar e andar pela cidade,
   vou procurá-lo em todas as ruas e praças;
   sim, vou em busca de meu amado".
Procurei por toda parte,
   mas não o encontrei.
Os guardas me pararam enquanto faziam a ronda,
   e eu lhes perguntei: "Vocês viram meu amado?".
Pouco depois de me afastar deles,
   encontrei meu amado!
Segurei-o e abracei-o com força;
   levei-o à casa de minha mãe,
   à cama onde fui concebida.
Prometam, ó mulheres de Jerusalém,
   pelas gazelas e corças selvagens,
   que não despertarão o amor antes do tempo.
                          Cântico dos Cânticos 3.1-5

Nos primeiros versículos do capítulo 3 do Cântico, há uma mudança radical de cena: os amados não estão juntos e a mulher sente forte anseio pelo homem. Muitos intérpretes entendem toda essa sequência como um sonho. Não é impossível que seja um sonho, mas também pode ser que a mulher esteja em um momento noturno de reflexão. Conforme observa Robert Alter, no versículo 2 temos a representação de uma ação muito ousada por parte da jovem, pois, no mundo do Antigo Testamento, era perigoso mulheres saírem pela cidade à noite, como indica a história de Rute (Rt. 3.13).[1] Ansiosa, a mulher pergunta pelo amado aos guardas que, nessa cena, servem somente de ouvintes e não lhe respondem. No versículo 4, é importante perceber que a mulher é quem toma a iniciativa, primeiro ao ousar sair pelas ruas escuras em busca de seu amado e, depois, sem que nos sejam fornecidos muitos detalhes, ao encontrá-lo e conduzi-lo para a casa de sua mãe.

A casa materna tem um significado maior do que simplesmente o lugar físico onde a mãe mora. É, metaforicamente, um lugar de segurança, que traz à memória dos jovens sua infância protegida e despreocupada. Relembremos que, em Gênesis 2.24, o homem deixa pai e mãe e se une à sua mulher. O fato de o Cântico se referir à casa da *mãe*, e não do pai, é relevante. Como vimos no capítulo anterior, o casamento no mundo do Antigo Testamento era uma transferência de autoridade do pai para o marido, e o contexto do amor entre o casal, desvinculado da figura paterna e do casamento como transação social, é importante para compreendermos essa cena. Quando o texto fala da "casa da mãe", o contexto do casamento como transferência de autoridade patriarcal desaparece inteiramente da cena e do relacionamento entre a amada e o amado. O relacionamento deles diz respeito a amor, mutualidade, reciprocidade, cooperação e igualdade, e não a sistemas de autoridade patriarcal.

O poema busca representar, ainda, aquela saudade e paixão que dois amantes sofrem quando estão separados.

---

[1] Roberto Alter, *Strong as Death Is Love: The Song of Songs, Ruth, Esther, Jonah, and Daniel, A Translation with Commentary* (Nova York: W. W. Norton & Company, 2016), edição Kindle.

De acordo com Iain Provan, "uma separação assustadora foi superada e os amantes ficam juntos sob a proteção e a bênção dos pais. Contudo, o terrível poder do amor foi, mais uma vez, demonstrado, um amor que pode invadir até mesmo o reino do inconsciente e trazer consigo pensamentos perturbadores".[2]

Na sequência, a cena de 3.6-11 é caracterizada por uma dinâmica semelhante à do capítulo 5 do Cântico; ao mesmo tempo, apresenta várias diferenças:

> *As mulheres de Jerusalém*
> O que é isso que vem subindo do deserto,
>   como nuvem de fumaça?
> De onde vem esse perfume de mirra e incenso,
>   o aroma de todo tipo de especiaria?
> Vejam, é a liteira de Salomão,
>   cercada por sessenta homens valentes,
>   os melhores soldados de Israel!
> São todos habilidosos com a espada,
>   guerreiros experientes.
> Cada um traz sua espada,
>   pronto para defender o rei dos perigos da noite.
> A liteira do rei Salomão é feita
>   de madeira importada do Líbano.
> As colunas são de prata,
>   a cobertura é de ouro,
>   as almofadas são de tecido púrpura.
> Foi enfeitada com carinho
>   pelas mulheres de Jerusalém.

---

[2] Iain Provan, *Eclesiastes, Song of Songs: From Biblical Text to Contemporary Life* (Grand Rapids: Zondervan, 2015), p. 299.

A Amada
Mulheres de Sião,
  venham ver o rei Salomão!
Ele usa a coroa que sua mãe lhe deu no dia em que ele se
  casou,
  no dia mais feliz de sua vida
                              Cântico dos Cânticos 3.6-11

O tema parece mudar de maneira repentina, mas há conexões entre a marcha da liteira de Salomão e o susto que a mulher teve no começo do capítulo. Assim como outras passagens do Cântico, o poema em 3.6-11 é entendido pelos estudiosos de diversas maneiras: alguns interpretam esse trecho como a celebração do casamento que centraliza e envolve o que vem antes e o que vem depois no livro; outros entendem que a comparação com Salomão é, mais uma vez, uma forma de descrever a mulher com opulência e beleza reais; para outros ainda, essa parte do Cântico é um poema sarcástico que compara a realidade dos amantes com a realidade de Salomão.

Percebemos o primeiro traço de sátira contra Salomão em Cântico dos Cânticos 3.7-8. Nesses versículos, é mencionada a escolha de sessenta guerreiros "preparados para defender o rei dos perigos da noite", enquanto, no poema anterior, a mulher saiu sozinha pela noite para encontrar seu amado. O poderoso Salomão precisa de sessenta guerreiros de elite que cerquem sua carruagem e garantam sua segurança à noite. Diante do poema anterior, essa é uma representação bastante patética de Salomão. O rei é cheio de opulência e de conquistas sexuais, mas, na realidade, é solitário. Temos aqui uma imagem que contrasta com todas as cenas de amor que vimos até agora, cenas que se desdobram em vinhas e jardins cheios de flores, frutas e aromas. A mulher é tão nobre que vem das montanhas do Líbano, mas a liteira de Salomão vem do deserto!

No poema todo há uma ideia de movimento, de ascensão. Os perfumes dessa liteira remetem a um contexto de sacrifícios: mirra, incenso, especiarias de todo tipo. No hebraico, as expressões "subindo" e "o que é isso" estão no feminino, referindo-se à mulher. A mulher estaria, portanto, se levantando do leito real, da mesma forma que a fumaça sobe para o céu quando os sacrifícios são queimados. Seguindo mais uma vez Iain Provan, poderíamos traduzir o versículo 6 da seguinte maneira: "Quem é esta que sobe do deserto como uma coluna de fumaça, queimada com mirra e incenso feito do pó do comerciante?". Concordo com a leitura dele, segundo a qual essa imagem é a antítese do jardim do Éden, pois as cenas de amor no Cântico (Ct 1.13-17; 2.1-13) são sempre acompanhadas de referências à fertilidade do solo e à vegetação abundante. Nesta passagem, contudo, o leito de "amor" de Salomão está no deserto, e a mulher parece mais um sacrifício a ser imolado do que uma jovem em sua cama ansiando pelo amado, como no início do capítulo 3. Tratarei adiante com mais detalhes do conceito da mulher como "sacrifício" e desenvolverei as implicações dessa interpretação.

A mulher do Cântico não fica paralisada por causa dos terrores da noite, mas sai corajosamente na escuridão para encontrar seu homem. Tanto a cena de 3.1-4 quanto a do capítulo 5 mostram que seu medo é que não consiga passar tempo com o amado. No relacionamento, a mulher não é apenas uma peça de xadrez do homem, usada para que ele atinja sua satisfação sexual mais remota; antes, ela busca pelo homem e é totalmente ativa nas interações. Além disso, a cama da mulher é desprovida de qualquer força militar e, portanto, ninguém é obrigado a ficar onde está. Em 3.4, a mulher envolve o amado em um abraço de amor; em contrapartida, quem está na liteira de Salomão em 3.7 não tem liberdade de partir, pois os sessenta guerreiros estão armados com espadas. Na vulnerabilidade da cama da mulher há intimidade e alegria e, com isso, o poema faz um forte contraste entre a relação dos dois amantes e a relação de Salomão com o povo de Israel. A mulher, em seu sonho ou reflexão noturna, é participante ávida em um desses relacionamentos; no outro, na condição de mulher que se eleva no deserto (v. 6), é uma vítima relutante. O sacrifício sobe a Deus, mas seu ofertante, Salomão, não é aceito por Deus. A visão dos versículos 6-10 revela ressentimento no tocante à posse real e desejo de libertação da coerção por um rei que terminou sua vida com muita riqueza e muita opressão. Novamente, voltamos ao entendimento de que não há história ou sequência temporal no Cântico. Os poemas nos levam a realidades distintas e nos fazem refletir sobre elas.

A CONTROVERSA MEMÓRIA DO REI SALOMÃO

O rei Salomão é reconhecido por sua grande sabedoria, riqueza e prosperidade. No entanto, a memória do mais sábio dos reis não é unívoca entre os escritores bíblicos do Antigo Testamento. Eles não maquiam nem disfarçam que Salomão nem sempre se serviu dos melhores recursos para exercer soberania sobre todo o Israel (1Rs 2.13-46). Não escondem de nós suas centenas de esposas e concubinas, nem o fato de que, no fim de seu reinado, sua atuação parecia se limitar à simples exibição de riquezas e sabedoria (1Rs 10.10-13). Apesar de ele ser lembrado como um rei comprometido com a adoração a Deus, seu reinado foi cheio de contravenções da lei mosaica: ele acumulou cavalos, ouro e muitas mulheres e, por fim, seus excessos o levaram à apostasia completa (1Rs 11.4). Depois de sua morte, Israel se dividiu em reino do norte e reino do sul, o que significou, efetivamente, o começo do fim de ambos os reinos.

Nesse misto de memórias sobre Salomão,[3] Eclesiastes destaca nitidamente recordações negativas a seu respeito, pois o Pregador descortina para nós como a busca do rei o levou a vários becos sem saída e conclui que foi tudo como correr atrás do vento. De que serviram palácios, mulheres, escravos, bens e sabedoria? No fim, a mortalidade o alcançou, como alcança a todos, e nada disso adiantou para ganhar algo no jogo da vida, supondo que o objetivo da vida seja ganhar.

Voltando à cena da liteira de Salomão, observamos que ela é antecedida por um alerta que nós, leitores do

---

[3] Sobre as diversas "memórias" que Salomão deixou, recomendo o capítulo "Solomon in Reception History", in: Brad E. Kelle e Brent A. Strawn, *The Oxford Handbook of the Historical Books of the Hebrew Bible* (Nova York: Oxford University Press, 2020), p. 511-25.

poema, já recebemos em Cântico dos Cânticos 2.7: não devemos despertar o amor antes do tempo.

> Prometam, ó mulheres de Jerusalém,
> pelas gazelas e corças selvagens,
> que não despertarão o amor antes do tempo.
> Cântico dos Cânticos 3.5

Esse pequeno refrão antes de nos ser apresentada a cena da mulher deitada na liteira de Salomão é significativo. É fácil se apaixonar pelo amor, pela ideia de um romance ou pela fantasia de uma paixão. Portanto, o Cântico nos alerta mais de uma vez para o fato de que o amor é um trabalho da mente e do coração que demandará muito de nós. Sejamos sinceros: cultivar relacionamentos de amor verdadeiro com Deus e com as pessoas ao nosso redor exige tudo de nós. Será que estamos dispostos a realizar esse trabalho?[4]

---

[4] O poema-sonho anterior centralizava os desejos de uma mulher com saudade do seu amado. O amor traz medos, esperanças, alegrias e tristezas, e era assim que a mente da mulher se encontrava no poema em Cântico dos Cânticos 3.1-4. Felizmente, no versículo 4, desta vez, ela reencontrou o amado e pôde se alegrar com ele. Nesse poema, a imaginação da mulher é a voz predominante; ela não é objetificada como em tantas obras eróticas dos dias de hoje. Como pode um poema tão antigo ser tão moderno ao mesmo tempo? Filmes, músicas e romances ao longo de toda a história representaram a voz, os anseios e a satisfação masculina no que diz respeito a temas eróticos. A Bíblia faz algo diferente! No Cântico o sexo não é só para homens; a alegria e as decepções do amor são representadas como parte importante do desejo de ambos os amantes. No capítulo anterior (Ct 2) era o homem que chamava sua

Os estímulos para que o amor seja despertado no tempo errado estão ao alcance da nossa mão, em nosso celular. Como entender qual é o tempo certo para o amor? Em vez de dar uma resposta pronta, a poetisa nos faz parar e pensar. Vejamos o que acontece na cena seguinte, quando entramos no deserto.

Na segunda cena desse capítulo do Cântico (Ct 3.6-11) somos transportados para a parte mais sombria do amor.

> Quem é esta que sobe do deserto,
> como colunas de fumaça,
> perfumada de mirra, de incenso
> e de toda a sorte de pós aromáticos?
>
> Cântico dos Cânticos 3.6 (ARC)

Para analisar o início dessa cena, escolhemos a versão Almeida Revista e Corrigida, pois ela abre o versículo com a pergunta: "Quem é esta?", reportando para a língua portuguesa aquilo que ocorre no hebraico: a presença de um pronome feminino singular. A pergunta retórica trata de uma mulher que está no deserto, lugar que remete a diversas imagens da tradição do Antigo Testamento. Para Israel, é um lugar de provações, sofrimento e sacrifício. Os aromas que acompanham essa mulher oriunda do deserto são a mirra, um perfume comum no antigo Israel, e o incenso, que, definitivamente, não era usado pelas mulheres para se perfumarem. Vemos colunas de fumaça

amada, quase dizendo: Mostre-se para mim! Quero ver seu rosto! Saia logo de casa! Em Cântico dos Cânticos 3, a mulher está em sua cama ansiando pelo amado.

que sobem e percebemos que estamos diante de um sacrifício.[5] O deserto é ambivalente: lembra uma parte importantíssima da história de Israel antes de entrar na terra prometida e também um lugar de muitos perigos que, no presente caso, serve de antítese do jardim do Éden.

Chamar o leito real de deserto é um toque ousado do poeta. Em Cântico dos Cânticos, o amor sempre acontece em meio ao florescer da natureza exuberante; o leito real, contudo, é visto à distância. Aqui, a mulher não parece estar em um relacionamento; antes, ela é apenas parte tristemente "necessária" da realização das fantasias sexuais do rei. Ela não é livre, pois sessenta guardas cercam o leito e não conhecemos seus anseios como no poema da primeira parte do capítulo 3. Aqui, a mulher não tem voz. O amor árido contrasta com a descrição da opulência da liteira de Salomão e nos conduz novamente ao controverso legado desse importante rei de Israel. Salomão era muito rico, mas é possível que essa riqueza não se estendesse aos assuntos do amor. Na primeira parte de Cântico 3, vimos uma mulher apaixonada por um homem e que inicia uma busca ansiosa por ele. Ela certamente não é uma vítima sacrificial involuntária nesse relacionamento. Ela anseia por ele e teme perdê-lo. Na segunda parte, ela não tem voz e o que se destaca é a opulência de ouro, madeira valiosa e decorações da liteira.

---

[5] Para entender a cena como sendo de um sacrifício, guiei-me pelos estudos de Ellen Davis Davis, *Proverbs, Ecclesiastes, and the Song of Songs*, p. 260-63; e Provan, *Ecclesiastes, Song of Songs*. Os estudiosos veem aqui algo que se parece muito mais com um sacrifício do que com uma cena de festa e de celebração.

Como podemos falar de sacrifício em um leito árido, desprovido de amor verdadeiro? Deus vê todos os sofrimentos, até as angústias mais íntimas que nunca tivemos coragem de pronunciar em voz alta. Na experiência dessa mulher, o amor talvez tenha sido forçado e roubado. E o nome que temos de dar para a intimidade sexual obtida à força é abuso. Logo, a mulher que sofreu abusos é representada como um sacrifício. Ainda que o abusador, um rei que abandonou tudo o que Deus havia prescrito para ele, tenha sido condenado por Deus, a passagem nos mostra que esse abuso não passa despercebido pelo próprio Deus. Observemos mais de perto como o tema do abuso é tratado nos poemas de Cântico dos Cânticos.

Não é segredo que nosso mundo distorce o significado do sexo e da intimidade física. O Cântico não reprime essa realidade, não a mostra como normativa, mas reconhece que existe violência no leito onde deveria ter amor e respeito. Embora seja uma ode à intimidade sexual, o Cântico nos chama também a olhar para o lado doloroso da sexualidade reconhecendo seu impacto sobre a vida humana, de uma forma ou de outra. O Cântico é também um chamado ao arrependimento e à cura. Falhamos em olhar para os outros seres humanos como nossos semelhantes e às vezes nos conduzimos como reis que querem somente dominar e possuir o outro. Precisamos de cura, caso tenhamos sofrido objetificação e violação em nossa intimidade.

Relembremos o alerta em Cântico 3.5: o amor erótico é bom, mas há um contexto saudável para que ele aconteça. Olhar com dignidade para quem está do nosso lado na cama é o primeiro passo. Entrega e intimidade são desejáveis, mas não antes do tempo.

Deus criou um mundo bom, e ele não nos pede para ignorar as coisas ruins do mundo. O Cântico nos ensina a olhar para nossa dor em vez de reprimi-la. O Cântico nos ensina a não evitar nosso senso de impotência diante das tragédias pessoais mais íntimas que possamos ter vivido. Vejamos como.

DE SONHO A PESADELO

> Eu dormia, mas meu coração estava desperto,
>   quando ouvi meu amado bater à porta e chamar:
> "Abra a porta para mim, minha amiga, minha querida,
>   minha pomba, minha perfeita.
> Minha cabeça está molhada de orvalho,
>   e meu cabelo, úmido do sereno da noite".
> Eu respondi:
>   "Já tirei a túnica;
>   vou ter de me vestir de novo?
> Já lavei os pés;
>   vou ter de sujá-los?".
> Meu amado tentou destrancar a porta,
>   e meu coração se agitou.
>
>   Cântico dos Cânticos 5.2-4

A mulher estava dormindo, mas tinha o "coração desperto". O que isso significa? Por mais românticos que sejamos ao ler essa passagem, precisamos lembrar que, para os hebreus, o coração é o centro do pensamento, da vida, e não apenas a sede das emoções. Logo, é como se a mulher estivesse deitada, porém reflexiva, o que leva diversos comentaristas a concluir que, mais uma vez, a cena retrata um sonho. O relato, porém, é extremamente narrativo, como em poucas partes do Cântico, e, por isso, é muito provável que apresente um acontecimento, e não simplesmente um sonho. No mínimo, é um relato inspirado na realidade.

Enquanto a mulher em Cântico dos Cânticos 3.2-5 procura apaixonadamente e encontra o seu amado, a mulher em 5.2-8 hesita em procurar o amado e em abrir-se para ele; com isso, ela perde essa oportunidade e há um verdadeiro desencontro. Por que ela reluta em abrir a porta para o amado se, anteriormente, estava ansiando por ele? E, por que, quando ela finalmente se levanta, ele foi embora, se era ele que estava suplicando do lado de fora da porta chamando-a de "minha amiga, minha querida, minha pomba, minha perfeita"? Pode ser que se trate apenas de um jogo amoroso para intensificar o desejo do amado. Pode ser que a mulher deseje mostrar que não está disposta toda vez que o homem a procura. Por mais que tentemos explicar o motivo desse desencontro, o poema não fornece uma resposta inequívoca, mas apenas possíveis inferências. Qualquer que seja o caso, essa parte do poema é a representação de um verdadeiro desentendimento do casal do Cântico. Nada disso combina com o ambiente primaveril, de celebração e de mútua admiração entre os amantes que vimos invadir o Cântico. Todos os amores são quebrados 💔. E, sim, quando temos um relacionamento verdadeiro, temos dor verdadeira. O amor dói.

Assim como o capítulo 3 é antecedido da celebração do capítulo 2, o capítulo 5 é antecedido do poema mais longo de admiração do homem pela mulher (Ct 4). Consequentemente, o capítulo 5 apresenta uma grande ruptura da harmonia e alegria que o capítulo 4 havia nos trazido. No fim, depois de a mulher titubear, suas entranhas se agitam (Ct. 5.4) quando o amado tenta destrancar a porta. Nesse momento, ela decide se levantar:

> Levantei-me de um salto para abrir a porta ao meu amor.
> Minhas mãos destilavam perfume
> e de meus dedos pingava mirra,
> quando puxei o ferrolho.
> Abri para meu amado,
> mas ele já havia partido!
> Meu coração quase parou de tristeza.
>
> Cântico dos Cânticos 5.5-6a

Mais uma vez, em uma cena altamente improvável para aqueles tempos, a mulher se aventura pela cidade em busca do seu amor. Ela chama pelo amado, mas quem a encontra são os guardas, e, agora, a reação deles é bem diferente da que foi retratada no capítulo 3 do Cântico:

> Procurei por ele,
> mas não o encontrei.
> Chamei por ele,
> mas ele não respondeu.
> Os guardas me encontraram
> enquanto faziam a ronda.

> Bateram-me e feriram-me,
> arrancaram-me o manto,
> aqueles guardas dos muros.
>
> Cântico dos Cânticos 5.6b-7

Ela nem sequer se dirige aos guardas, mas eles a agridem com grande violência. A mulher está sozinha e, para os guardas, está se comportando de maneira imprópria e indecorosa de acordo com os padrões daquela sociedade. Nada disso impede a mulher de continuar.

Ela termina o poema suplicando para que as filhas de Jerusalém a ajudem e passem um recado ao amado: "Digam-lhe que desfaleço de amor" (Ct 5.8). Quem são esses guardas? De que muros estão tomando conta? Os muros servem para proteger a cidade, e a função dos guardas também é de proteção. Evidentemente, porém, não garantem a segurança da mulher, pois a espancam!

Essa cena forte e cheia de mistérios representa de modo claro a ideia de que existem forças que, propositadamente, querem separar os amados. O poema de amor que se transformou em um pesadelo representa o lado desajeitado e ansioso dos relacionamentos amorosos. Afinal, apesar de o amor ter a capacidade de nos transportar ao Éden, estamos ainda no mundo fora do Éden que, ao contrário do jardim, não é protegido de intrusos. Os amantes não conseguem se conectar, e percebemos uma forma de alienação entre eles. A ausência é a realidade com a qual termina a passagem, e saudade, em lugar de realização, é o tema dominante. O amor dói. Todos os amores são quebrados 💔. O amor, quando despertado, envolverá momentos maravilhosos de intimidade e paixão. Porém, também envolverá momentos de vulnerabilidade, insegurança, medo e perda.

O amor não é um investimento seguro. Podemos pensar isso de todos os nossos relacionamentos de afeto, e não só do amor que existe entre um casal. Com frequência, mães e pais dizem que o filho é como um "coração fora do peito". Quando veem o filho adoecido, pai e mãe preferiam que eles próprios estivessem passando por aquele mal. Por isso, amar neste mundo é ter a certeza de que algo pode dar errado, e nosso coração pode sair ferido. A morte de um ente querido é também um dos preços altos do amor verdadeiro. Quando amamos verdadeiramente, sofremos verdadeiramente. Como diz C. S. Lewis, "amar é sempre ser vulnerável", e a única forma de se esquivar dessa dor é não entregar seu amor a ninguém. Lewis conclui com sua típica incisividade: "O único lugar além do Céu onde se pode estar perfeitamente a salvo de todos os riscos e perturbações do amor é o inferno".[6]

O ABUSO DOS GUARDAS

Quando somente uma das partes ama, quando somente uma das partes busca e a outra é indiferente, é muito provável que se esteja em um relacionamento disfuncional. Esse relacionamento precisa ser revisto e tratado quando

---

[6] C. S. Lewis, *Os quatro amores* (São Paulo: WMF Martins Fontes, 2014), p. 168.

possível e, caso esteja comprometendo a segurança física e psicológica da parte mais frágil, precisa ser abandonado. Relacionamentos abusivos e tóxicos se resolvem colocando um ponto-final, mas não é disso que estamos falando quando olhamos para o casal de Cântico dos Cânticos. Os mal-entendidos entre os amantes e a busca de um pelo outro não podem ser compreendidos aqui como um relacionamento abusivo. No Cântico, vemos as dificuldades que vêm de brinde com qualquer relacionamento, até os mais saudáveis. A Bíblia é, como sempre, realista e não idolatra o relacionamento amoroso; embora o exalte, ela o representa como ele é: imperfeito ❤️.

A agressão dos guardas à mulher em Cântico dos Cânticos 5.7, em contrapartida, é um retrato de verdadeiro abuso físico, moral e de autoridade. A mulher estava coberta, e os guardas lhe arrancaram o manto, uma possível referência sutil a um estupro. Mesmo que ela não tenha sido estuprada, foi espancada e agredida e, portanto, sofreu abuso. Algumas teólogas entenderam essa passagem como a reação da sociedade a uma mulher que decide viver o amor e não se envergonha de sua vida sexual. O simples fato de ela sair à noite, como observamos, é extremamente ousado para uma mulher de sua época.

A biblista Renita Weems encontra um eco entre a agressão abusiva que a mulher do Cântico sofre e outros abusos dos quais a Bíblia não nos poupa, especialmente o episódio da concubina em Juízes 19.

Essa concubina, irada com seu marido levita, volta à casa de seu pai, onde permanece até que o levita vai reavê-la. Depois de certa demora, o levita a convence a acompanhá-lo. Na viagem de volta, o casal tem de pousar em uma cidade no território da tribo de Benjamim. Um velho os vê parados na rua ao anoitecer, convida-os a entrar em sua casa, e eles aceitam sua hospitalidade. A certa altura, porém, os benjamitas batem à porta do velho e pedem que ele lhes entregue o levita para que eles tenham relações com ele. Para se livrar dessa situação, o levita lhes dá sua concubina. Em uma descrição terrível, a Bíblia mostra que os homens passam a noite inteira estuprando a mulher e, ao amanhecer, deixam-na desacordada na porta da casa. Renita Weems chama nossa atenção para uma diferença fundamental entre a concubina e a mulher do Cântico: a primeira não tem voz; a segunda, sim.[7]

Quem está do outro lado da porta dessas duas mulheres? No caso da concubina, está um marido que não a valoriza e que a deixa lá, desfalecida, até o amanhecer. No caso da mulher do Cântico, está um amante fervoroso, apaixonado por ela. Mas o que explica sua ausência nesse episódio? Depois do abuso, a concubina de Juízes encontra uma porta fechada e um marido que a deixa morrer e, então, a corta em pedaços para mandar um recado aos benjamitas. Depois do abuso, a mulher do Cântico encontra as mulheres de Jerusalém e volta para o seu amado. O que ocorre em Juízes é uma verdadeira tragédia. Não há solução boa nem fácil. A "resolução" do levita

---

[7] Renita Weems, "The Song of Songs: Introduction, Commentary, and Reflections", in: Leander E. Keck (org.), *The New Interpreter's Bible: Proverbs - Sirach* (Nashville: Abingdon Press, 2001), p. 412.

após esse evento trágico nem sequer é uma solução verdadeira, mas, possivelmente, apenas vingança. Ficamos com um gosto amargo na boca.

Em um livro como Cântico dos Cânticos, em que o clima é predominantemente lúdico, sedutor e festivo, de que maneira o abuso da protagonista contribui para o significado geral? Como diz Elaine James, "quando as mulheres e sua vida são levadas a sério, a violência sexual faz parte do drama, não porque os textos promovem ideologias sexistas, mas porque é algo sintomático das experiências das mulheres".[8]

Como vimos na cena no deserto, a mulher ali representada se encontrava em uma paisagem árida e em um leito de "amor" que não era fruto do seu desejo nem da sua vontade. Em Cântico dos Cânticos, são somente duas as cenas que retratam abuso, a antítese de uma vida sexual saudável. Se comparadas com o tom geral do livro, essas cenas não são predominantes, mas estão presentes. É importantíssimo lembrar que o abuso nessas cenas não é cometido pelo amante da mulher, mas, ainda assim, é uma realidade. Isso porque, quando falamos de vida sexual, falamos de vulnerabilidade e, como o Cântico mostra, infelizmente os mais frágeis estão suscetíveis a sofrer abusos.

---

[8] Eliane T. James, "The Song of Songs and #MeToo - Critical Reading, Reparative Reading", in: Simeon Chavel e Elaine T. James (orgs.), *Reading the Song of Songs in a #MeToo Era: Women, Sex, and Public Discourse*, Biblical Interpretation Series, vol. 212 (Leiden: Brill, 2023), p. 33.

Tanto os guardas quanto o rei no deserto são representantes do sistema de opressão salomônico, parte da controversa memória do mais sábio dos reis. O poema, em suas conotações políticas e sexuais, nos mostra duas realidades importantes: primeiro, revela que poder e opulência não combinam com amor, pois resultam em abuso; e, segundo, faz uma crítica social não tão velada ao que Salomão representava.

Ao analisar essa passagem, Iain Provan nos lembra que algumas pessoas casadas têm de lidar pelo resto da vida com as consequências de um antigo abuso sexual que pode tornar a entrega sexual e o amor um desafio para uma ou ambas as partes.[9] É muito especial para nós, leitoras e leitores modernos do Cântico, que encontremos um tema tão sensível representado como um sonho da amada. O Cântico nos abre os olhos para um amor real: aquele que é afetado pelas nossas dores e traumas mais profundos. Os amados tiveram um desencontro normal em todos os relacionamentos. Afinal, quem passa a vida apenas no jardim de delícias? É humanamente impossível viver assim.

Além do desencontro do casal, o sensível tema do abuso está presente no Cântico. Deus, em sua graça enigmática, deixou registrado nas Sagradas Escrituras a voz de uma mulher que foi abusada. E, nesse relato, a mulher se torna a voz de muitas que não tiveram a oportunidade de denunciar seus abusadores.

---

[9] Iain Provan, *Eclesiastes, Song of Songs: From Biblical Text to Contemporary Life* (Grand Rapids, Michigan: Zondervan, 2015), p. 344.

UMA ANÁLISE DISCURSIVA DO CAPÍTULO 5

Nesta seção do livro, apresento uma visão alternativa do quinto capítulo do Cântico. Isso não significa que o que analisamos até aqui não seja de grande valor; antes, a intenção é mostrar que é possível ler a mesma passagem de diferentes formas. A leitura múltipla de um texto é constitutiva da poesia que, como destacamos anteriormente, não vem com notas de rodapé e extensas explicações dos seus diversos significados. Contudo, as diferentes interpretações caracterizam não apenas a poesia, mas qualquer texto e, em última instância, apontam para a realidade da língua humana, pois uma mesma palavra tem significados múltiplos estabelecidos conforme o contexto. Seguirei aqui a brilhante interpretação de Sarah Zhang desse texto, adicionando algumas considerações pessoais. Essa estudiosa oferece uma atenta leitura do hebraico, que apresentarei de forma simplificada.[10]

Essa passagem causa perplexidade, pois não entendemos o real motivo do desentendimento entre os dois amantes. Eles sentem desejo um pelo outro, mas não se encontram. Embora não vejamos uma razão explícita no texto, ao ler atentamente percebemos que o poema se inicia com um diálogo autocentrado entre os amantes (Ct 5.2-3) que culmina em separação e termina com uma fala pública da protagonista do Cântico (5.8) de vulnerabilidade e de busca pelo amor. Portanto, na falta de um

---

[10] Sarah Zhang, "Speaking of the Other - Interest and Love in Song 5:2–8", in: Chavel e James (orgs.), *Reading the Song of Songs in a #MeToo Era*, p. 91-105.

contexto maior, que o poema não está interessado em nos dar, podemos adentrar a relação amorosa por meio das falas dos amantes. Como os sujeitos se constituem nesse discurso amoroso?

A modernidade nos fez acreditar que somos seres individuais e independentes uns dos outros. Embora essa crença tenha um aspecto positivo, pois responsabiliza o indivíduo como agente moral, civil e legal, o individualismo sem amor pelo outro só leva à destruição. O Cântico nos desperta para uma percepção do "eu" como alguém que é-para-o-outro, ou seja, a subjetividade é entendida como responsabilidade pelo outro e como ser suscetível ao outro. Quando falamos com outra pessoa, assumimos uma responsabilidade ética para com ela.

O diálogo que apresenta o desentendimento entre os amantes pode ser considerado "autocentrado" em razão da forte presença da primeira pessoa, "eu" (*ani*), em 5.2-8. Nesse trecho, temos um terço de todas as ocorrências de "eu" em Cântico dos Cânticos, indicando uma função da subjetividade mais intensa e evidente nesse poema. Embora a amante inicie o diálogo de forma autocentrada, no decorrer da interação ela percebe que está dialogando por amor e, então, se volta para o outro.

A mulher inicia o poema nos informando que está em um estado reflexivo; embora ela esteja dormindo, seu coração está acordado (Ct 5.2) e, portanto, ela ouve o amado bater à porta. Uma parte sua está dormindo confortavelmente e a outra está voltada para o amado.

Em seguida, o amado inicia um discurso também autocentrado, com um imperativo que traz benefício para ele:

"Abra a porta para mim" (usando o dativo em hebraico). Ele continua centrado em si ao chamar a mulher de "*minha* amiga, *minha* querida, *minha* pomba, *minha* perfeita". Tudo nessa fala é absorvido pelo próprio sujeito. O homem prossegue, dizendo que o cabelo e a cabeça dele estão molhados de sereno da noite ("*minha* cabeça [...] *meu* cabelo"); mais uma vez, ele próprio é a motivação. A mulher segue o diálogo no mesmo tom: "*Eu* já tirei a túnica, vou ter de me vestir de novo?". Em vez de atender ao pedido do amado, ela diz, efetivamente, que ele tem os motivos autocentrados dele, e ela tem os seus. Como Zhang observa, quando ambas as partes insistem em se concentrar em si mesmas, ficam fechadas cada uma em seu ventre e não se voltam uma para a outra.[11]

Embora a amada resista, porém, seu íntimo estremece "por causa" do amado:

O meu amado pôs a mão por uma abertura da tranca;
e o meu coração começou a palpitar por causa dele.

Cântico dos Cânticos 5.4 (NVI)

---

[11] Zhang, "Speaking of the Other", p. 97. Como mencionei anteriormente, o Cântico tem múltiplos sentidos. Essa cena que aqui apresentamos como um desencontro entre os amados é altamente erótica. Esses versículos são também uma provocação sensual e sexual de um amado para o outro. A mulher se descreve desnuda e, quando ele põe a mão pela fechadura da porta, o íntimo dela estremece; tudo isso tem um sentido duplo que remete a um jogo amoroso entre os dois. Poesia não é para amadores!

Ela decide, então, abrir a porta para o amado (Ct 5.5.), mas, a essa altura, ele se foi. Nesse ato de se afastar, ele quebra a trama que vínhamos acompanhando até aqui. Depois do diálogo egocêntrico, restam-nos algumas perguntas sobre a partida do homem: será que ele saiu porque se sentiu envergonhado, depois de ter tentado abrir a porta sem o consentimento da mulher? Ou essa partida é um retrato lírico de sua precariedade, pois ele não consegue entender que o outro (a amada) está além do seu controle? O texto desperta nossa curiosidade, mas oferece apenas silêncio e espaço para especulações.

Ao ver que o amado se foi, a mulher, por causa do amor que sente por ele, não consegue mais fingir uma distância indiferente. Decide, então, ir ao seu encontro. Como vimos na seção anterior, ela sofre abuso terrível quando sai em busca do amado. No entanto, ao contrário de outras mulheres da Bíblia, essa mulher tem voz. E o que ela diz depois de ter sido ferida pelos guardas? Aqui temos duas leituras possíveis e não contrastantes do tema do abuso apresentadas por duas biblistas. Para Renita Weems, o abuso é físico e real, enquanto, para Sarah Zhang, a agressão dos guardas à moça é uma descrição lírica do que se passa na consciência dela, ferida por não ter encontrado o amado. Uma leitura não exclui a outra, mas ambas revelam aspectos diferentes do mesmo texto.

No fluxo lírico, a expectativa de prazer da mulher se torna um frio desespero e um pesadelo (Ct 5.6), pois ela procurou o amado e não o encontrou. Em seu sofrimento, ela depara com uma realidade que já havia se apresentado para o homem: não posso controlar o meu amado.

Ele não conseguiu controlá-la quando o seu desejo era tão premente que ele tentou abrir a porta; agora, ela não pode controlá-lo em sua busca.

Esse fio lírico é mais perceptível em uma comparação com a primeira cena noturna (Ct 3.1-5). Em ambas as cenas, os guardas aparecem no poema para ajudar a expressar as variações emocionais da mulher em duas paisagens interiores diferentes. Na segunda cena, as agressões dos guardas e o desaparecimento do amado levam a mulher a se sentir ferida: o amado fere pelo distanciamento, e os guardas ferem fisicamente. Ainda assim, ela não deixa de falar. Está destruída, mas não se torna inteiramente passiva na situação. E, agora, não está mais interessada em si mesma como no início do poema, mas reconhece que depende do outro.

Quando a mulher invoca as filhas de Jerusalém, esperamos que ela faça a advertência de sempre: "Não desperte o amor antes do tempo" (Ct 2.7; 3.5; 8.4). Em vez disso, ela admite: "Estou doente de amor!" (Ct 5.8). Não tem mais forças para continuar a busca, mas pede às filhas de Jerusalém que prossigam.

Não nos esqueçamos de que, apesar de a cena ser bastante dolorosa e atípica no Cântico, todas as palavras saem da boca da própria mulher. Ela é quem controla a narrativa, e não os guardas, nem o amado. Contudo, ela não usa seu poder para pedir por si mesma; antes, decide se redefinir com algo que talvez nos assuste: vulnerabilidade. E não é qualquer vulnerabilidade; é vulnerabilidade em relação ao outro. No início do episódio, ela respondeu ao homem com certo vagar, mas sua confissão final garante que, em breve, ela celebrará com seu amado o amor mútuo (Ct 6.3) e será elogiada como aquela que promove a paz (Ct 8.10).

Sarah Zhang reconhece que essa interpretação pode causar desconforto nos leitores modernos,[12] mas, no contexto do poema, o fato de a mulher ter o domínio da palavra e usá-lo para reconhecer publicamente sua vulnerabilidade é uma força. Essa é a mesma mulher que nos fez admirá-la no início do Cântico, aquela que não se envergonha de quem ela é. Diante de dor e sofrimento ela continua não tendo vergonha de se expor. Começamos a análise da passagem tratando do abuso dos guardas, pois é importantíssimo que, diante de injustiça em contextos sociais e legais, se busque justiça e reparação, uma dimensão social para a qual o texto também aponta. Porém, na ordem ética da expressão e do discurso, essa passagem do Cântico nos ensina que o outro vem antes do "eu".

Tendo em conta as discussões que envolvem papéis de gênero, para alguns pode ser tentador olhar para a vulnerabilidade da mulher do Cântico e encontrar mais uma justificativa para o domínio do homem sobre a mulher. Contudo, nesse caso, como quando o povo de Israel teve que lembrar que foi "escravo no Egito" e, portanto, ocupou um lugar desfavorecido, nós também precisamos lembrar que a ética cristã demanda que todos nós, e não apenas as mulheres, ocupemos o lugar de vulnerabilidade. O amor é um negócio arriscado, até mesmo para Deus, cujo ato de amor custou seu próprio Filho, Jesus. Todos nós já vivenciamos a dor que

---

[12] Ibid. p. 102.

um relacionamento pode acarretar, pois todos os amores são quebrados 💔 e, diante de um sentimento angustiante de impotência, a mulher admite: "Estou doente de amor". Em sua vulnerabilidade, a mulher é semelhante ao salmista que, em Salmos 22.8, se sente abandonado por Deus, e ao próprio Deus encarnado, que sente a dor do abandono na cruz (Mt 27.46). Jesus, em seu momento de maior vulnerabilidade, não esconde sua dor; faz um discurso público que desvela sua sensação de abandono e o desejo de estar novamente na presença de Deus (Mc 15.34).

Nosso ego e nosso Instagram nos dizem que a vulnerabilidade não deve ser mostrada. No entanto, o psiquiatra e filósofo Frantz Fanon declara: "Falar é existir absolutamente para o outro".[13] Não existimos para nós; a própria língua e o próprio ato de falar apontam para isso. Quando nascemos, entramos no discurso e no mundo por meio da fala de outros, pois, antes mesmo de podermos assumir a fala, quando ainda estamos vulneráveis, recebemos um nome dos nossos pais. Nas palavras de Sarah Zhang, "antes que eu saiba, já estou no estado de ser convocado pelo outro. O início do 'eu', portanto, não é *cogito ergo sum* [penso, logo existo], mas um hebraico 'eis-me aqui', meu aqui e agora em resposta a você".[14]

O amor de que estamos falando aqui é um amor que se entrega pelo outro. Cântico dos Cânticos 5.7 pode, então, fazer muito mais que criticar o que está errado, como

---

[13] Frantz Fanon, *Pele negra, máscaras brancas* (São Paulo: Ubu Editora, 2020), p. 33.
[14] Zhang "Speaking of the Other", p. 103.

Weems nos mostrou. Também pode reparar e gerar solidariedade restaurativa nas leitoras do Cântico que são vítimas de violência. Logo, a história não acaba ao depararmos com a agressão terrível dos guardas à mulher. Antes, como disse Weems, a mulher do Cântico tem a palavra, diferente da concubina de Juízes 19. Ela continua falando, um ato que, de si mesmo, é extremamente poderoso para uma mulher. Os guardas em 5.7 não são o fim do relato da mulher. "O Cântico é capaz de oferecer um consolo curador e regenerar a inteireza"[15] das mulheres e dos homens que passam por abusos.

O discurso final da mulher incentiva todos nós a sermos verdadeiros com nós mesmos e a sermos fortes a ponto de não termos medo de ser magoados por amar o outro. Diante de uma dor lacerante na vida, podemos reprimir a mágoa ou agir com revolta e ódio. Além dessas reações binárias, porém, o Cântico nos oferece uma terceira via. Ele nos apresenta uma mulher que não esconde sua dor e que continua buscando amor, pois ainda é capaz de fazê-lo, apesar dos traumas da vida. Ela está ferida e cansada, mas, ainda assim, apresenta seu pedido às mulheres de Jerusalém. O trauma não é o fim de sua história. A vulnerabilidade da mulher do Cântico é nosso ponto de encontro com ela. Que, ao falar, tenhamos o outro em alta estima e o amemos também em nossas palavras. Que nos lembremos de que Deus olha para o leito de dor, mesmo que esse leito esteja no deserto e o momento pareça ser de solidão. A fumaça subiu até Deus; ele viu.

---

[15] Ibid., p. 104.

~ 6 ~
O poder do amor

A indústria cinematográfica da comédia romântica já foi declarada extinta diversas vezes e, nos últimos anos, foi ofuscada pelas grandes produções de super-heróis que inauguraram uma nova fase do cinema mundial. Julia Roberts foi considerada a musa das comédias românticas dos anos 1990, com o filme *Uma linda mulher*, que obteve uma bilheteria de 463,4 milhões de dólares. Esse gênero foi e continua a ser criticado, dentre outros motivos, pela maneira como as mulheres são representadas e até objetificadas. Creio, porém, que a mulher de um Cântico que tem mais de dois milênios foi mais bem representada do que as protagonistas de diversos filmes atuais!

De acordo com John Alberti, professor de literatura da Northern Kentucky University, "as comédias românticas tratam dos aspectos fundamentais da existência humana: desejo, amor, solidão". Para Alberti, esses filmes alcançam um público mais amplo do que produções como *Velozes e furiosos*, pois "a maioria de nós não vai apostar em corridas de rua, mas quase todos desejam ter um relacionamento e levam isso muito a sério".[1] A comédia romântica,

---

[1] Leah Asmelash, "A Genre Reborn: Inside the Evolution of the Rom-Com", *CNN*, 29 de agosto de 2021, <https://www.cnn.com/2021/08/29/entertainment/romantic-comedy-evolution-trnd/index.html>.

portanto, vive se reinventando e cativando a atenção dos mais diversos espectadores. Nos streamings, ela voltou marcadamente a fazer parte da vida das pessoas,[2] e mesmo que nos filmes mais recentes haja uma busca maior por diversidade para que o público se identifique mais, as estruturas e os lugares-comuns não mudaram muito em relação aos antigos sucessos de cinema. Além disso, de acordo com os especialistas, as séries que envolvem a história de um casal ou de uma família são a evolução das comédias românticas, indo além do clichê "será que ele vai voltar para mim?" e explorando o âmbito da realidade das histórias de amor.

O que queremos? A realidade dura do amor? A quebra das regras impostas pela sociedade para nossos relacionamentos? A verdade é que nos iludimos quando deixamos que a imaginação dos streamings molde nossa maneira de ver as histórias de amor. Esse processo de formação interna é profundo e acontece desde que somos muito jovens, daí ser tão difícil nos desfazermos de certos conceitos.

Quando Jesus nos encontra, tudo precisa mudar e, às vezes, nossa visão sobre amor, sexo e relacionamentos em geral é uma das partes mais desafiadoras nessa

---

[2] Charlise Morais, "A volta das comédias românticas: Gênero cresce com streaming, mais diversidade e público fiel", *Terra*, acesso em 27 de dezembro de 2023, <https://www.terra.com.br/diversao/entre-telas/series/a-volta-das-comedias-romanticas-genero-cresce-com-streaming-mais-diversidade-e-publico-fiel,d54a8af2b8337bcd3a8ee3716e4050e6q3ve9wyv.html>.

transformação. Não é por acaso que *As 5 linguagens do amor*,[3] livro escrito por Gary Chapman, um autor cristão, foi muito além do mundo evangélico tanto nos Estados Unidos quanto no Brasil. Oprah Winfrey falou desse livro em seu programa e, a cada ano, seu site Oprah.com traz uma matéria sobre temas relacionados (p. ex., "Descubra sua linguagem de amor"). No BuzzFeed Brasil também é muito comum encontrar matérias como "Qual das cinco linguagens do amor você fala?". Por quê? Porque queremos conexão uns com os outros. Como a mulher do Cântico, desejamos manter vínculos, e, como o casal do Cântico, às vezes, sem muitas explicações plausíveis, simplesmente nos desconectamos de nosso cônjuge e nos desentendemos com nossos amigos. Relacionamentos dão trabalho, mas, ainda assim, nós os buscamos. E, se existe uma ferramenta como as "cinco linguagens do amor" que nos ajuda a melhorar nossos relacionamentos, por que não usá-la?

O Cântico não é um manual para aprendermos a amar e ser amados, assim como a Bíblia não é um manual com regras e preceitos ajustados para cada situação da vida. A Bíblia tem conteúdo diverso: poesias, narrativas épicas, tragédias, relatos históricos, textos de sabedoria, cartas e textos apocalípticos, entre outros. Está longe de ser um dicionário com verbetes perfeitamente organizados em que basta procurar pela palavra para compreender sua definição. E está longe de ser um manual de

---

[3] Gary Chapman, *As 5 linguagens do amor: Como expressar um compromisso de amor a seu cônjuge*, 3ª ed. (São Paulo: Mundo Cristão, 2024).

instruções de um equipamento eletrônico em que você recebe orientações, passo a passo, sobre como utilizá-lo. A vida é complexa, dinâmica, quase sempre imprevisível. Por isso, o material bíblico, para se dirigir a nós de modo real, precisa continuar falando em novas situações, novos contextos. À maneira típica da sabedoria bíblica, para aprendermos sobre o amor não somos introduzidos a conceitos estanques que se aplicam a qualquer situação; em vez disso, somos catapultados para uma história de amor — e que amor! O aprendizado é uma reflexão de sabedoria que nos ajuda a ter agência para discernir melhor nossa realidade, nós mesmos e os outros e a tomar decisões sábias a partir desse aprendizado.

O Cântico não é diferente. Nele, em lugar de uma história com começo, meio e fim, encontramos alguns tipos de poesias misturados, bem como lições valiosas para a vida. Devido ao estilo peculiar do Cântico, talvez tenhamos um pouco mais de trabalho do que em outros textos bíblicos para extrair dele um aprendizado. Mas aí está: Será que lemos a Bíblia somente para extrair aprendizados? Que leitura pobre e reducionista de uma tão grande obra literária, histórica, filosófica e teológica!

A poesia necessita de um tempo específico para que desfrutemos dela. Cada vez que ouvimos novamente uma canção, descobrimos novas nuances, novas mensagens e a apreciamos um pouquinho mais; da mesma forma, a poesia é para ser saboreada e não simplesmente explicada. Quando temos contato com uma poesia um tanto distante da nossa sociedade, como é o Cântico, precisamos de mais explicações; ainda assim, é possível aproveitar a beleza do texto. A Bíblia é, por certo, um livro rico em ensinamentos para a vida; é a Palavra inspirada de Deus e merece ser apreciada por nós de muitas maneiras. Durante meus anos de formação em Estudos Clássicos e Filologia, aprendi uma lição muito importante: todo bom filólogo tem grande respeito pelo texto. É um respeito que também pode coincidir com amor. O cuidado com o texto que está diante de mim é o início de qualquer trabalhar filológico. Como cristãos, não precisamos ser todos filólogos (aqueles que amam [gr. *filos*] a palavra [gr. *logos*]); mas, todos nós amamos o *Logos*, porque ele se fez carne e habitou entre nós e porque, desde o início, Deus cria simplesmente ao falar. A dimensão da palavra tem uma posição elevadíssima em nossa fé. Amar o texto me leva a respeitá-lo.

E, por falar em amor e respeito, voltemos ao nosso casal apaixonado e vejamos o fim do nosso Cântico. Eis a passagem que, sem sombra de dúvida, é a mais famosa desse pequenino livro da Bíblia:

> Coloque-me como selo sobre seu coração,
>   como selo sobre seu braço.
> Pois o amor é forte como a morte,
>   e o ciúme, exigente como a sepultura.
> O amor arde como fogo,
>   como as labaredas mais intensas.
> As muitas águas não podem apagar o amor,
>   nem os rios podem afogá-lo.
> Se algum homem tentasse usar todas as suas riquezas
>   para comprar o amor,
>   sua oferta seria por completo desprezada.
> Cântico dos Cânticos 8.6-7

O que é esse "selo" ao qual a mulher faz referência? No mundo bíblico, o selo podia ser um cilindro ou um carimbo. Os selos cilíndricos costumavam ser usados ao redor do pescoço, presos a um cordão, como vemos em Gênesis 38.18. Os selos de carimbo podiam ser usados da mesma forma, embora muitas vezes fizessem parte de um anel para o dedo (Jr 22.24). Ambos também podiam ter forma de braçadeiras ou pulseiras, remetendo ao mundo do Antigo Testamento, em que os israelitas deviam usar os ensinamentos dos mais velhos como um colar no peito para protegê-los (Pv 6.20-22).[4] No antigo Oriente Próximo, selos não eram usados no peito ou no braço por uma questão de praticidade, para selar ou autenticar algo rapidamente. Antes, os selos, com sua ornamentação, seus símbolos e suas representações dos deuses, funcionavam como amuletos e expressões de identidade. O selo era empregado em contexto de realeza e não era comum entre a população em geral. Mais uma vez, o Cântico subverte o conceito de realeza e status social e retrata uma mulher comum, uma mulher negra, como alguém que deve ser o selo sobre o peito do amado.

O desejo que a mulher expressa de ser um selo sobre o peito do amado implica o firme compromisso de integridade que ela deseja que os dois tenham um com o outro. É curioso que a mulher não queira que o homem use um selo que a represente; ela mesma quer ser o selo. Isso significa que o desejo da mulher é que a identidade e a

---

[4] Othmar Keel, *The Song of Songs: A Continental Commentary*, Continental Commentary (Minneapolis: Fortress Press, 1994).

honra dele estejam profundamente ligadas a ela. A ideia é relevante para nós, pois essa mulher que sabe o que quer e que busca intensamente o amor para sua vida não usa seu corpo para isso. Sim, o Cântico é um texto altamente erótico, mas não aponta para o sexo descompromissado ou para o sexo que procura apenas obter benefícios próprios. No Cântico, o sexo está inserido em um contexto de entrega de si mesmo e de comprometimento firme. Em nosso mundo, sexo e poder andam de mãos dadas; no mundo do Cântico, o sexo é associado a vulnerabilidade e é exclusivo ao casal. É intenso, alegre, cheio de desejo e prazer. Mesmo que estejamos separados da redação desse livro por milhares de anos, ele ainda grita contra a nossa cultura. Não por acaso, o sexo é representado como parceiro do poder na cena do deserto. O Cântico é claro: sexo e poder são um binômio estéril.

Entre os antigos, no mundo em que o Cântico foi composto, mulheres eram vendidas e entregues pelos irmãos e pelos pais para selar acordos e para dar continuidade à honra da família. Elas não tomavam decisões sobre si mesmas, como exemplificam os vários homens na Bíblia que tinham mais de uma mulher e todas as consequências nefastas que isso trazia para a vida delas. No mundo de hoje, falar de sexo fiel e respeitoso com o corpo do outro ainda é um grande desafio. As mulheres têm mais poder de escolha, a medicina descobriu mais sobre o prazer feminino e sobre a anatomia íntima feminina, e isso traz mudanças positivas e segurança para a vida de muitas mulheres. Porém, a disparidade orgástica ainda é uma questão,[5] e a pornografia que objetifica o sexo e o corpo, principalmente feminino, é uma indústria altamente lucrativa. E, às vezes, parece que a solução da cultura para esses problemas é transformar a mulher no equivalente feminino do homem mulherengo.

Quero deixar claro que celebro os avanços da medicina, a atenção crescente que tem se dedicado a condições como vaginismo e endometriose, e a seriedade com que nossa cultura tem tratado abusos e estupros. Contudo, parece-me que a sociedade não consegue se desfazer do binômio sexo-poder. São inúmeros os filmes que trazem a figura do homem de negócios bem-sucedido que, além de dinheiro, influência, casas luxuosíssimas e roupas caras, tem acesso indiscriminado a mulheres; nesses filmes o sexo é uma commodity e, quem pode, tem mais.

Na premiada série *Succession* (2018-2023), os membros da família Roy vivem em meio a um luxo ao qual a maioria de nós jamais terá acesso. Eles e seus amigos são poderosos e decidem até questões relacionadas às eleições nos Estados Unidos. A história mostra que o sexo está entre aquelas coisas de que os superpoderosos desfrutam, como roupas de tecidos finos e viagens de jatinho. Siobhan é uma das herdeiras do grande império de mídia

---

[5] Estudos realizados na Faculdade de Medicina da Universidade de São Paulo demonstram que cerca de 50% das mulheres brasileiras têm dificuldades de chegar ao orgasmo, enquanto somente 4% a 10% da população masculina sofre de anorgasmia. Veja "Desigualdade de orgasmo: você sabe o que é?", Dicas de Mulher, <https://www.dicasdemulher.com.br/colunistas/desigualdade-de-orgasmo-voce-sabe-o-que-e/>.

do pai e é uma personagem que me cativou. Contudo, ela e outras mulheres da série também lançam mão do sexo como uma commodity. Ao que parece, uma mulher sexualmente livre é uma mulher que usa o sexo para benefício próprio e não difere muito dos homens ao seu redor nesse aspecto.

Mas será que a solução para a situação problemática em que homens usam o corpo das mulheres porque são ricos e poderosos e simplesmente porque são homens consiste em tornar essas mulheres "livres" para usar o corpo de outros exclusivamente para seu próprio prazer? A pornografia, tanto para homens quanto para mulheres, é um forte instrumento de mero uso do corpo do outro para satisfazer a si mesmo, talvez de maneira facilitada e rápida. O binômio continua o mesmo: sexo e poder.

A mulher do Cântico, que, depois de ter sido agredida pelos guardas, demonstra sua vulnerabilidade, continua a ser nossa meta. O homem que louva sua mulher acima de todas as outras, que demonstra reciprocidade e que elogia essa mulher repetidamente também é uma boa meta para nós. O amor mútuo, que declara que "cuida" da vinha, que respeita o tempo certo, pois o amor não pode ser despertado precocemente, pode ser nossa inspiração. Esse tipo de amor dá um bocado de trabalho, como o casal do Cântico nos mostrou. É por isso que, para eles, o amor é tão forte quanto a morte. Apesar de usarmos essa declaração em casamentos, suas implicações vão muito além do amor romântico em que a inserimos.

Em Cântico dos Cânticos 6.8, o tom do poema muda um pouco. Na voz da mulher, temos um verdadeiro provérbio no estilo bíblico. É uma declaração sobre o amor em geral, que não especifica a paixão partilhada pelo casal do Cântico. O provérbio é típico da sabedoria bíblica, pois nos apresenta uma frase genérica, porém baseada na experiência, trazendo-nos assim um conhecimento prático sobre o amor. Essa é uma forma muito inteligente de concluir uma coletânea de poemas amorosos.

Na afirmação: "Pois o amor é forte como a morte, / e o ciúme, exigente como a sepultura" (Ct 8.6), há uma construção com paralelismo: "amor/ciúme" de um lado e "morte/sepultura" do outro. Inicialmente, essa afirmação não parece fazer muito sentido, pois a morte vem para todos. Mas será que o amor tem a mesma força que a morte? O versículo prossegue com a comparação: "O amor arde como fogo, / como as labaredas mais intensas". As imagens de fogo dão uma tonalidade diferente ao sentido de "morte" na linha anterior: focalizam a natureza consumidora do amor, que emite chamas ou labaredas insaciáveis, como a morte em seu caráter consumidor que, cedo ou tarde, a todos devora. À semelhança da morte e do fogo, não há meio-termo onde existe amor verdadeiro, como as Escrituras nos mostram de diversas maneiras. O amor verdadeiro de Deus por nós é absoluto. Em algum nível, é provável que muitos de nós tenhamos experimentado um amor pelo qual não medimos esforços, seja por nossos filhos, pais, amigos ou amantes. Note, porém, que o amor, segundo o Cântico, não é mais forte que a morte, mas, sim, tão forte *quanto* a morte. Apesar de o Cântico ter em alta estima o amor sexual entre homem e mulher, não o coloca no lugar de um deus. No cânon bíblico, esse versículo aponta para uma realidade futura, pois, um dia, o amor venceria o poder da morte, como diz o profeta Isaías (Is 25.7-9). Para nós, esse dia aconteceu quando Jesus ressuscitou.

O amor, até mesmo o amor humano, é muito poderoso, pois não pode ser apagado nem pelas "muitas águas". No mundo do Antigo Testamento, as águas são associadas a divindades do caos e da destruição. Em Gênesis 1.7, Deus colocou um limite para as águas e para o caos, mostrando-se mais poderoso que essas supostas divindades. E, embora as águas sejam confinadas a certos limites pelo próprio Deus, no mundo antigo elas estão sempre tentando se libertar desses limites para provocar destruição. Um exemplo disso era o grande perigo, na Antiguidade, de empreitadas como navegar ou enfrentar uma tempestade no mar. A mulher, a sábia poetisa, reivindica para o amor um poder realmente sobrenatural. Por certo, esse versículo ensina mistérios sobre o amor que ultrapassam, mas não excluem, a realidade do amor humano que o casal do Cântico estava vivendo. A última frase do versículo 7 aponta para a quebra do binômio sexo-poder tão comum em nossa cultura. Nenhuma riqueza pode comprar o amor. Em outras palavras: o amor não é uma commodity. O raciocínio da sábia poetisa continua e se intensifica: caso alguém tente comprar o amor, será de todo desprezado. O amor não está à venda!

Todas essas afirmações são contundentes e profundas, e nosso mundo luta ferrenhamente contra cada uma delas. Contudo, talvez tenhamos que colocá-las como selo sobre nosso peito para não nos esquecermos quão elevado é o lugar que as Escrituras reservam para o amor, para o sexo e para nosso corpo. Por isso o Cântico é cheio de elogios, por isso a beleza é exaltada constantemente e por isso a "teologia do verme" é totalmente contrária à mensagem bíblica acerca do nosso corpo e do mundo que Deus criou. Cântico dos Cânticos poderia acabar aqui, e sairíamos completamente satisfeitos com essas lições poderosas, com essa aula magnífica de arte que recebemos. Mas o poema tem continuidade. Os versículos seguintes voltam ao tema dos irmãos da moça que tinham a tarefa culturalmente estabelecida de arranjar o casamento da irmã e de garantir sua castidade. A eles a mulher do Cântico responde com sua ousadia habitual e, de certa forma, o livro termina completando uma moldura: no início, os irmãos se zangam e, no fim, voltam a se preocupar com a vida sexual dela. Em última instância, porém, ela consegue fazer sua voz ser ouvida: ela não será tratada como uma simples transação familiar; decidiu dar seu amor ao seu amado. O poema continua na temática de que o amor não é uma transação, não se compra com dinheiro (Ct 8.11-12), como vimos no capítulo 2. Ao fim, os amados têm uma última troca de versos:

O FIM SEM FIM

O Amado
Você, que habita nos jardins,

os meus amigos desejam ouvir a sua voz;
deixe-me também ouvi-la!

A Amada
Venha depressa, meu amado,
   e seja como um corço
ou um cervo jovem
sobre os montes cobertos de especiarias.

Cântico dos Cânticos 8.13-14 (NVI)

Seria impossível um poema que exalta o desejo e o relacionamento mútuos não se encerrar com um verso de cada um dos amantes.

O Cântico termina com a imagem do jardim. Não poderíamos nos despedir desses lindos poemas em ambiente melhor! Ao longo do livro, o jardim representa um lugar que produz uma vasta gama de frutos que encantam a visão, o paladar, o olfato e o tato. Dizer que a mulher mora nesse jardim é sugerir que ela não apenas desfruta da fecundidade e da beleza da natureza, mas que ela participa dessa natureza. O pedido do homem é o mesmo feito anteriormente: "Deixe-me ouvir a sua voz" (Ct 2.14). O hebraico deixa implícito que o objeto de seu desejo é o som da voz (*qol*) dela, e não uma mensagem específica que ela possa pronunciar. A saudade do homem é óbvia.

A última fala da mulher é uma resposta sincera e voluntária e expressa o desejo de uma mulher que é vista exclusivamente como pessoa amada. Ela o convida a correr como uma gazela ou um cervo sobre as montanhas cobertas de especiarias, aqueles mesmos lugares em que ele sentiu tanto prazer ao longo dos episódios anteriores.

Talvez essa última troca dos amantes seja um testemunho da seriedade do compromisso que eles têm um com o outro, e há um claro contraste entre as interações de Cântico dos Cânticos 8.8-12 e as de 8.13-14. No entanto, embora o homem tenha feito um pedido semelhante em 2.14 para ouvir a voz da mulher, lá ela responde com uma provocação (Ct 2.15) que não ocorre em 8.14. Aqui, o pedido é atendido diretamente por uma resposta semelhante à de 2.17. A mulher vai direto ao ponto; e é com sua declaração que termina, apropriadamente, o Cântico dos Cânticos. O fim é um tanto repentino e, talvez, quase decepcionante, pois parece simples demais. Mas, esse não é um conto de fadas.

Dianne Bergant conclui a respeito desse desfecho:

> Por mais incompleto que possa parecer, também é verdade no caso do amor autêntico. O amor humano não conhece consumação definitiva, nem realização absoluta. Os relacionamentos amorosos nunca são completos; estão sempre em andamento, sempre buscando mais. Independentemente da qualidade ou frequência do ato sexual, há sempre certa medida de desejo presente.[6]

Por isso, é um fim sem fim. Nossas histórias de amor podem ser maravilhosas, mas não são o nosso fim. A Bíblia é realista e não nos enche de esperanças vazias. Ela nos ensina que o amor vale a pena, mas dói. Sim, o amor verdadeiro vale a pena, mas não é fácil. Ela nos

---

[6] Dianne Bergant, *The Song of Songs*, Berit Olam Studies in Hebrew Narrative & Poetry (Collegeville: Liturgical Press, 2001), p. 105.

apresenta a realidade do abuso, embora não por parte do amado. A amada sofre porque muitas mulheres sofrem. No entanto, ao contrário de tantas outras mulheres na Bíblia e na história, essa mulher tem voz. E, em sua voz, nós nos encontramos e abraçamos nossa vulnerabilidade. O amor com comprometimento permite ao casal a liberdade de brincar, de explorar seus desejos com o corpo um do outro, algo que eles fazem com confiança um no outro, pois estão comprometidos exclusivamente um com o outro.

O amor que o Cântico exalta, aquele que vale a pena ser vivido, é o amor mútuo e recíproco. Com uma só palavra, *teshuqah*, a mulher nos transporta de volta para o Éden. Ela declara: "Meu homem tem por mim o mesmo desejo que eu tenho por ele. Aqui, não há dominação!". Amor é cuidado mútuo e é um compartilhar da vida com o mundo ao nosso redor. Pode parecer que estamos perdidos no mundo dos sonhos dos amantes, mas, de repente, percebemos que esse mundo é bem real. É um mundo com aromas, flores e frutos. A terra onde os amantes se encontram é "nossa" e, na "nossa terra", eles nos convidam a rever nosso relacionamento com a natureza ao redor.

É significativo que o mundo para o qual os amantes nos fazem voltar seja o jardim do Éden. No jardim, não há disputas de poder, não há vergonha da própria nudez, e homem e mulher colaboram para cuidar da maravilhosa criação que Deus lhes confiou. O amor nos transporta para todas essas dimensões e nos faz perceber como aquela longa e interminável querela sobre o caráter literal ou metafórico do Cântico e sobre o amor sexual caber ou não nas Escrituras fica para trás na perspectiva dos amantes. Amar o outro em harmonia com a natureza significa também estar alinhados com a vontade de Deus e ter um relacionamento reto diante de Deus.

Ao mesmo tempo, o Cântico nos ensina a não procurar o amor de qualquer forma e a qualquer custo. O amor vale demais para ser vendido! Como criação de Deus, nosso corpo é tão importante que a relação sexual que o Cântico exalta é uma relação que não explora, não objetifica e não subjuga o corpo de ninguém. Sexo não é sinônimo de promiscuidade. Ele só se torna promíscuo quando o desejo me leva a transformar a pessoa diante de mim em simples meio para que eu alcance minha própria satisfação. Foi isso que Salomão representou no Cântico para nós. Os poemas têm forte significado político quando os compreendemos como literatura nacional pós-exílica. O Cântico nos ensina que riqueza e poder, contra todas as expectativas, não combinam com sexo. Salomão tem muitas vinhas, e seu leito de amor fica no deserto. Como é possível um homem tão poderoso não ter acesso ao amor? Isso acontece porque o amor verdadeiro não está à venda. O Cântico nos chama a refletir sobre como estamos amando a nossa terra, como estamos amando o próximo e como estamos amando o nosso próprio corpo.

Por fim, descobrimos também que a vulnerabilidade é intrínseca a relacionamentos verdadeiros. O prazer é um lado da moeda, e o outro é ser vulneráveis. Com todas as nossas forças, não queremos que o amor nos deixe doentes, mas se amarmos nesta vida, o amor vai nos deixar doentes.

Nossos queridos morrerão, seremos traídos, teremos desentendimentos inexplicáveis como o dos amantes. Todos os amores são quebrados 💔. Afinal, o único amor perfeito é nosso Deus e ele nos ensina que não é nada bom que o ser humano esteja só.

Sobre a autora

Ana Azevedo Bezerra Felicio é doutora em Linguística com especialização em Estudos Clássicos e em Antropologia Social, e mestra e bacharela em Linguística pela Unicamp. Possui estágio doutoral na Universidade de Nova York. É uma das fundadoras do Projeto Agostinhas, em que mulheres cristãs e negras fomentam a discussão do racismo e sua relação com a fé cristã evangélica. Está envolvida na Associação Brasileira de Cristãos na Ciência (ABC2), onde lidera o grupo de Estudos de Ética das Virtudes e participa da comissão de liderança do Grupo de Estudos de Letras. É casada com Leandro e juntos são membros da Igreja Evangélica de Confissão Luterana no Brasil (IECLB) em Ferraz de Vasconcelos.